JN006829

hana
の
韓国語単語
〈超入門編〉

hana編集部 著

HANA

はじめに

韓国語学習の良いスタートを切るために大事なことの一つが、重要単語を覚えることです。重要単語は韓国語を学んでいくと繰り返し出てくるので、早い段階でこれらを学習するとその後の学習の負担が減り、スムーズにレベルアップしていくことが可能になります。本書では、韓国語の学習を始めたらまず覚えてほしい336語を厳選し、例文を通じて、音声を通じて、単語を学べる作りになっています。これから韓国語学習を始める人は、ぜひ、この本で基本単語をきっちりと習得して、効率的な韓国語学習のスタートを切ってください！

目次 1

目次 2

超入門の人たちのために作られた
この単語集の特徴

特長 1 | 「基本中の基本」の単語のみ 336 語！

日本全国で実施されている「ハングル」能力検定試験では、入門レベルに当たる 5 級の単語として約 500 語が指定されています。本書では、原則としてこれらの単語の中から、336 語を厳選。どれもがその後の学習の基礎となる単語です。

特長 2 | すぐに口に出して使える短い例文！

本書は何よりも例文を通じて、音声を通じて、単語を覚える作りになっています。どんどん話してみたい人のために、短くて実用度の高い例文を提示しました。

特長 3 | 発音表示もバッチリ、分かりやすく！

初歩レベルの人が単語を暗記するための取っ掛かりとして全ての単語・例文にカタカナの発音表記を入れました。また、早い段階でカタカナ読みから卒業できるよう、発音通りのハングルも全ての単語・例文で示されています。

特長 4 | 動詞・形容詞などを活用形で提示！

通常の学習書では、動詞や形容詞などの用言の基本形（辞書に書かれている形）を覚えて、それから活用形を学ぶのですが、初学者にとってはこの活用が大きな難関です。そこで本書では、用言の見出し語は、実際の韓国語で見たり聞いたりする活用形（ヘヨ体現在形）を見出し語として提示しました。もちろん活用練習のページでは、基本形や尊敬形も含めて練習できるようにしてあります。

■ 活用形（ヘヨ体現在形）でまず覚えると、何がいい？

メリット1　すぐに会話で使えます。平叙文、疑問文、勧誘文、命令文の全てが同じ形（イントネーションを変えるだけ）だからです。

基本形	活用形（現在形）	使用例	
가다 カダ	**가요** カヨ	**가요？**	行きますか？
보다 ポダ	**봐요** ポァヨ	**봐요！**	見ましょう！
타다 タダ	**타요** タヨ	**타요！**	乗ってください！
예쁘다 イェップダ	**예뻐요** イェッポヨ	**예뻐요.**	かわいいです。

> 基本形からまず覚えると、
> こうした活用がとっさに作れない！

メリット2　活用形（ヘヨ体現在形）で覚えれば、過去形もすぐに作れます。ヘヨ体の過去形は現在形同様に、平叙文、疑問文、勧誘文、命令文の全てが同じ形です。

現在形　　　　　　　　　　　　　　　　　　　過去形

봐요 → 봐 + ㅆ어 + 요 → 봤어요
ポァヨ　　　ポァ + ッソ + ヨ　　　ポァッソヨ

> 過去形は現在形に
> 「ッソ」を入れるだけ！

本書の構成 1　本文

1 ページタイトル
1課（1日）を、品詞別に16単語で構成しました。

2 見出し語
見出し語はすぐに使える形で示しました。特に、用言（動詞や形容詞など）は実際に会話などで使われている活用形（ヘヨ体現在形）で示しました。また、同じつづりの単語が複数ある場合は番号を付しました。

4 意味
見出し語の意味を、メイン訳、サブ訳に分けて掲載しました。音声ではメイン訳のみ読まれています。見出し語が漢字語の場合はその漢字を 漢 アイコンと共に示しました。

5 用言の基本形
見出し語が用言の場合、辞書に載っている形（基本形）を 基 アイコンと共に示しました。

6 その他の関連情報
会話などで、短く縮めた形（縮約形）がよく使われる場合は、それを 縮 アイコンと共に示しました。

3 発音
見出し語のつづりと実際の発音が異なる場合、発音通りのハングルを掲載しました。また、発音のフリガナも示しました（パッチムのうち、ㅁ・ㄹ・ㄱ・ㅂで発音されるものはそれぞれ小さい「ム」「ル」「ク」「プ」の文字で示しました）。

07日目-1　基本の動詞2　◆13

097	읽어요 [일거요 イルゴヨ]	読みます 基 읽다 [익따 イクタ]
098	써요¹ [ソヨ]	書きます 基 쓰다 [スダ]
099	만들어요 [만드러요 マンドゥロヨ]	作ります、造ります 基 만들다 [マンドゥルダ]
100	생각해요 [생가캐요 センガケヨ]	考えます 基 생각하다 [생가카다 センガカダ]
101	시작해요 [시자캐요 シジャケヨ]	始めます　漢 始作-- 基 시작하다 [시자카다 シジャカダ]
102	시작돼요 [시작뙈요 シジャクトェヨ]	始まります　漢 始作-- 基 시작되다 [시작뙤다 シジャクトェダ]
103	끝나요 [끈나요 クンナヨ]	終わります 基 끝나다 [끈나다 クンナダ]
104	입어요 [이버요 イボヨ]	着ます、（ズボンやスカートを）はきます 基 입다 [입따 イプタ]

解説　097 읽고는, 읽다に-고 읽어요が付いた形で、[일꼬 이써요]と発音されます（語尾の濃音化）。098 써요는, 으語幹の쓰다に-어요が付いた形です。099 한국 요리는, [한궁 뇨리]と発音されます（ㄴ挿入、鼻音化）。100 어떻게と생각해요는、それぞれ[어떠케]、[생가캐요]と発音されます（激音化）。101 시작했어요는、[시자캐써요]と発音 ▶

ここにも
注目！ **ページを折って韓国語と日本語のどちらかを隠せる！**

各ページを▼▲の位置で折ると、見出し語、例文のいずれも韓国語と日本語訳のどちらかを隠すことができるようになっています。このページの折り目は、どこまで学習したかが分かる、しおりの役割も果たします。

本の動詞
読み
基 읽다

DA
DA

本を読

	DATE 年 月 日
	DATE 年 月 日

책을 **읽고** 있어요.　　本を読んでいます。
책을　일꼬 이써요
チェグル　イルコ イッソヨ

친구에게 메일을 **썼어요**.　　友達にメールを書きました。
　　메일를　써써요
チングエゲ　メイルル　ソッソヨ

한국 요리를 **만들었어요**.　　韓国料理を作りました。
한궁 뇨리를 ―――　만드러써요
ハングン ニョリルル　マンドゥロッソヨ

어떻게 **생각해요**?　　どのように考えますか？
어떠케　생가캐요
オットケ　センガケヨ

영어 공부를 **시작했어요**.　　英語の勉強を始めました。
　　　　　　시자캐써요
ヨンオ　コンプルル　シジャケッソヨ

영화는 여섯 시에 **시작돼요**.　　映画は6時に始まります。
　　여섣 씨에　시작돼요
ンファヌン ヨソッ シエ　シジャッテヨ

시합이 지금 **끝났어요**.　　試合が今終わりました。
　　하비　끈나써요
ハビ　チグム クンナッソヨ

지 **입었어요**?　　ズボンはきましたか？
　　이버써요
ジ　イボッソヨ

ます（激音化）。 103 끝났어요は、[끈나써요]と発音されます（鼻音化）。

1週目
自

051

---

7 例文

見出し語を含む、すぐに使える短い韓国語の例文と訳文を提示しています。

8 例文訳

意訳している箇所には、直訳をかっこ書きで併記しました。

9 例文発音

例文中、表記と実際の発音が異なる部分には発音通りのハングルを付しました。また全ての例文に発音のフリガナも示しました。注意が必要な発音は赤い帯で示し、ページ下で補足説明を行いました。

10 説明

例文に学習上注意すべき内容が含まれている場合、発 変 文 補 アイコンを例文の頭に表示し、ページ下部で説明を行いました。発 は発音変化、変 は変則活用、文 は文法、補 は言葉の使われ方や背景などについての補足説明となっています。文 で取り上げた項目は、章の最後の「文法項目まとめ」でその意味を確認できます。

本書の構成2 復習・付録

■「活用」ページ

週の最後には、その週で学んだ用言の活用を発音表示と共に一覧表示しました。一番左に基本形を示し、さらに文字の一部に色を付けました。色が付いているのはヘヨ体を作る手掛かりとなる部分(主に母音)で、この部分を見ることで語幹の陰陽などが分かります。なお一部の単語では母音が手掛かりとならない場合があるため、色を付けていません。「変則活用 (P.191) 」も参照してください。

基本形
辞書に掲載されている形です。

ヘヨ体現在形
語幹末の母音が陽母音の場合には-아요、陰母音の場合には-어요が付きます。接続に関しては母音の同化や複合も起こり、変則用言の場合も注意が必要です。

ヘヨ体過去形
語幹末の母音が陽母音の場合には-았어요、陰母音の場合には-었어요が付きます。接続に関しては母音の同化や複合も起こり、変則用言の場合も注意が必要です。

ヘヨ体尊敬現在形
語幹末にパッチムがない場合は-세요、パッチムがある場合は-으세요が付きます。ただしㄹ語幹用言のときはㄹパッチムが脱落して-세요が付きます。

■「チェック」ページ

各週で学んだ語彙を、「韓国語→日本語」「日本語→韓国語」の両方から復習することができます。

■「文法項目」ページ

その週の例文で新たに使われた文法項目を確認することができます。

■「韓国語の基礎」ページ

巻末に、入門書の内容をコンパクトにまとめました。分からないことを探したり、これまでに学んだことを復習するのにご参照ください。

見出し番号	基本形	名詞種類 語幹の種類 パッチムの有無	現在形	過去形	尊敬現在形

左ページ

033	이다 イダ	[陰陽語幹][パッチム有]	예요 / 이에요 エヨ / イエヨ	였어요/이었어요 ヨッソヨ/イオッソヨ	이세요 イセヨ
034	아니다 アニダ	[陽語幹][パッチム無]	아니에요 アニエヨ	아니었어요 アニオッソヨ	아니세요 アニセヨ
035	있다 읻따 イッタ	[陰語幹][パッチム有]	있어요 이써요 イッソヨ	있었어요 이써써요 イッソッソヨ	있으세요 이쓰세요 イッスセヨ
036	없다 업따 オプタ	[陰語幹][パッチム有]	없어요 업써요 オプソヨ	없었어요 업써써요 オプソッソヨ	없으세요 업쓰세요 オプスセヨ
037	고맙다 고맙따 コマプタ	[陽語幹][パッチム有]	고마워요 コマウォヨ	고마웠어요 コマウォッソヨ	고마우세요 コマウセヨ
038	감사하다 カムサハダ	[陽語幹][パッチム無]	감사해요 カムサヘヨ	감사했어요 カムサヘッソヨ	감사하세요 カムサハセヨ
039	반갑다 반갑따 パンガプタ	[陽語幹][パッチム有]	반가워요 パンガウォヨ	반가웠어요 パンガウォッソヨ	반가우세요 パンガウセヨ
040	미안하다 미아나다 ミアナダ	[陽語幹][パッチム無]	미안해요 ミアネヨ	미안했어요 ミアネッソヨ	미안하세요 ミアナセヨ

右ページ

041	죄송하다 チェソンハダ	[陽語幹][パッチム無]	죄송해요 チェソンヘヨ	죄송했어요 チェソンヘッソヨ	죄송하세요 チェソンハセヨ
042	괜찮다 괜찬타 クェンチャンタ	[陰陽語幹][パッチム有]	괜찮아요 クェンチャナヨ	괜찮았어요 クェンチャナッソヨ	괜찮으세요 クェンチャヌセヨ
043	아프다 アプダ	[陽語幹][パッチム無]	아파요 アパヨ	아팠어요 アパッソヨ	아프세요 アプセヨ
044	좋다 조타 チョタ	[陽語幹][パッチム有]	좋아요 チョアヨ	좋았어요 チョアッソヨ	좋으세요 チョウセヨ
045	싫다 실타 シルタ	[陰語幹][パッチム有]	싫어요 시러요 シロヨ	싫었어요 시러써요 シロッソヨ	싫으세요 시르세요 シルセヨ
046	나쁘다 ナップダ	[陽語幹][パッチム無]	나빠요 ナッパヨ	나빴어요 ナッパッソヨ	나쁘세요 ナップセヨ
047	맛있다 마싣따 マシッタ	[陰語幹][パッチム有]	맛있어요 마시써요 マシッソヨ	맛있었어요 마시써써요 マシッソッソヨ	맛있으세요 마시쓰세요 マシッスセヨ
048	맛없다 마덥따 マドプタ	[陰語幹][パッチム有]	맛없어요 마덥써요 マドプソヨ	맛없었어요 마덥써써요 マドプソッソヨ	맛없으세요 마덥쓰세요 マドプスセヨ

音声ダウンロードの方法

本書の学習用音声を小社サイトからダウンロードできます (右の QR コードからも該当ページに行けます)。音声は MP3 形式のファイルになっており、本書中の))マークに続く数字とファイル名が一致しています。

ダウンロードページ:

https://www.hanapress.com/archives/11763

□ 以下の音声を準備しました。

A：見出し語 ▶ メイン訳 ▶ 見出し語

B：見出し語 ▶ メイン訳 ▶ 例文 ▶ (ポーズ)

C：見出し語 ▶ (ポーズ)

D：メイン訳 ▶ (ポーズ)

E：基本形 ▶ 現在形 ▶ 過去形 ▶ 尊敬現在形　※活用練習 (用言のみ)

単語の効果的な覚え方

単語に限らず暗記のメカニズムを見るとき、覚えるための仕組みを考えることも大事ですが、覚えたことを思い出すための仕組みを考えることも大事です（ページ下囲み）。下記を参考に、本書の単語を効率よく覚えるための作戦について、ぜひ考えてみてください。

方法1 | 韓国語の見出し語（単語）を日本語と対で覚えていく

韓国語単語と対応する日本語を、一対一で反復して覚えていくという、最も基本的な方法です。大事なことは、このやり方だと少し時間がたったら忘れてしまう単語があることを念頭に、覚える数を適度に設定すること。忘れた単語を絶えずまた覚える努力をすることです。多義語の場合、一対一で覚えるのはよくないという意見もありますが、その語が違う意味で使われている例に出合ったときも、覚えている語義を手掛かりに理解を広げられるものです。さらに、「声に出して覚える」「書いて覚える」「聞いて覚える」など、自分の好みや状況、環境に合った方法を用いてください。

A 覚えるための仕組み

① 取りこぼしてしまう分も念頭に、一度に覚える数を適度に設定する

② 自分に合った覚え方を工夫する

③ 忘れた単語を再度覚える（何度も見直す）

B 思い出すための仕組み

④ 覚えた単語をたまに見直す（復習を行う、テストを行う、多くの韓国語に触れてその中で出合うようにする……）

⑤ 覚えた単語を実戦で使ってみる（アウトプットすることで記憶を強固にする）

それらをサポートする仕組みと素材が本書には備わっています。特に、見出し語の前に付いているチェックボックスや章末の「チェック」、巻末の「ハングル・日本語索引 (単語一覧)」をぜひご活用ください。

方法 2 │ **関連する単語をひも付けながら一緒に覚える**

意味や使用状況に関連がある単語を一定のグループにまとめて覚えていくという方法です。本書は課ごとのテーマは設けていませんが、こういう面でお互いに近い言葉を配列しているので、常にそういう意識を持って覚えていけば、単語同士を関連付けて覚えることができるはずです。

方法 3 │ **単語を例文で覚える**

単語を、単語単位で覚えるのではなく、それが含まれた例文で覚える方法も有効です。単語は実際には文の形で聞いたり話したりすることがほとんどなので、最初から見出し語の形でなく、例文の形で覚えるのも一つの考えと言えます。この場合、例文があまり長いと負担が大きすぎるのですが、本書の例文はかなり短く、しかも実用的なので、ぴったりの方法だと言えます。

方法 4 │ **音声から覚える**

上記 1 〜 3 のどの覚え方に関しても適用したいのが、音を頼りに覚える、単語を文字でなく音で覚えるという方法。本書の例文は、すぐに覚えられて、口に出して話せる長さになっています。

方法 5 │ **韓→日だけでなく、日→韓も忘れず練習する**

韓国語を見て日本語の意味が分かるようになったら、その逆、日本語を見て韓国語が言えるように練習することも大事です。ページを▼の位置で折る (P.007 上参照)、章末のチェック 2 を活用する、日本語だけの音声をダウンロードして利用するなどの方法で実践してください。

基本の文法項目

本書で繰り返し出てくる基本の文法項目です。
この他の文法項目は、章ごとに章末の「文
法項目まとめ」に掲載しました。

» 助詞

~이/~가	~が
~을/~를	~を、~に
~은/~는	~は
~에	~に、~で、~へ
~에게、~한테	~に
~에서(서)	~で、~から
~까지	~まで
~의	~の
~도	~も
~로/~으로	~で、~によって
~과/~와、~하고	~と
~보다	~より（比較）
~만	~だけ
~요/~이요	~です

» 語尾・表現

-아요/-어요/-여요	~します・です〈現在〉※本書の用言の見出し語はこの形で示しています（이다は~예요/~이에요になります）。
-았어요/-었어요/-였어요	~しました・でした〈過去〉
-세요/-으세요	~なさいます・でいらっしゃいます〈尊敬現在〉
-셨어요/-으셨어요	~なさいました・でいらっしゃいました〈尊敬過去〉
-지 않아요	~しません、~ではありません〈否定〉
~이/~가 아니에요	~ではありません〈이다の否定〉

※上記の語尾・表現は、文末のイントネーションを変えるだけで疑問文を作れます。さらに -아요/-어요/-여요、-세요/-으세요は勧誘文や命令文も作れます。

hana
の
韓国語単語
〈超入門編〉

1 週目　空欄に学習の予定や履歴を記入しましょう！

001 □ □	**일**1 [イル]	1	漢 一

002 □ □	**이**1 [イ]	2	漢 二

003 □ □	**삼** [サム]	3	漢 三

004 □ □	**사** [サ]	4	漢 四

005 □ □	**오** [オ]	5	漢 五

006 □ □	**육** [ユク]	6	漢 六

007 □ □	**칠** [チル]	7	漢 七

008 □ □	**팔**1 [パル]	8	漢 八

解説　001 **일 학년**は、[**이 량년**]と発音されます（ㅎ弱化、鼻音化）。 002 **비빔밥**は、[**비빔빱**]と発音されます（濃音化）。 003 **종로**は、[**종노**]と発音されます（鼻音化）。 007 **명동역**では[**명동녀게서**]と発音されます（ㄴ挿入）。 008 1988年にソウルで開催された夏季オリンピックのことを、韓国ではこのように呼んでいます。

発 대학교 **일** 학년.

대학꾜 이 랑년
테하ク쿄 イ ランニョン

大学1年 (1学年)。

発 비빔밥 **이** 인분.

비빔빱 이 인분
ピビムパプ イ インブン

ビビンバ2人前 (2人分)。

発 종로 **삼** 가.

종노 삼가
チョンノ サム ガ

鍾路3街。

사 급 시험.

사급 시험
サグプ シホム

4級試験。

지하철 **오**호선.

지하철 오호선
チハチョル オホソン

地下鉄5号線。

오월 **육**일.

오월 유길
オウォル ユギル

5月6日。

発 명동역에서 **칠** 분.

명동녀게서 칠분
ミョンドンニョゲソ チルブン

明洞駅から7分。

補 **팔팔** 서울 올림픽.

빠ル빠ル 서울 올림픽
パルパル ソウル オルリムピク

88ソウルオリンピック。

基本の数字1（漢数詞） ♪02

009 □ □	**구** [ク]	9　漢九

010 □ □	**십** [シプ]	10　漢十

011 □ □	**백** [ペク]	100　漢百

012 □ □	**천** [チョン]	千　漢千

013 □ □	**만** [マン]	万　漢万

014 □ □	**년** [ニョン]	年　漢年

015 □ □	**～월** [ウォル]	～月　漢月

016 □ □	**일2** [イル]	日　漢日

解説　014 **일 년**は、通常は流音化して[**일 련**]と発音されますが、ここでは音声に合わせて発音変化なしの表記にしています。**년**を強調すると、このような発音になることもあります。

아파트 **구** 층.

アパトゥ クチュン

マンション9階。

삼십 분 걸려요.

삼십 뿐
サムシプ プン コルリョヨ

30分かかります。

백 일째예요.

배 길째에요
ペ ギルチェエヨ

100日目です。

오천 원이에요.

오처 눠니에요
オチョ ヌォ二エヨ

5000ウォンです。

만 원짜리.

마 눤짜리
マ ヌォンチャリ

1万ウォン札。

補 **일 년** 사 개월.

イル ニョン サ ゲウォル

1年4カ月。

생일은 **구월**이에요.

생이른 구워리에요
セン イルン クウォリエヨ

誕生日は9月です。

오늘은 사 **일**이에요.

오느른 사 이리에요
オヌルン サ イリエヨ

今日は4日です。

017

書いて覚えよう！

音声を聞きながら、口ずさみながら、
書いて単語を覚えましょう。

001 ☐ ☐	**일**1 [イル]	일
002 ☐ ☐	**이**1 [イ]	이
003 ☐ ☐	**삼** [サム]	삼
004 ☐ ☐	**사** [サ]	사
005 ☐ ☐	**오** [オ]	오
006 ☐ ☐	**육** [ユク]	육
007 ☐ ☐	**칠** [チル]	칠
008 ☐ ☐	**팔**1 [パル]	팔

009 ☐ ☐	**구** [ク]	구
010 ☐ ☐	**십** [シプ]	십
011 ☐ ☐	**백** [ペク]	백
012 ☐ ☐	**천** [チョン]	천
013 ☐ ☐	**만** [マン]	만
014 ☐ ☐	**년** [ニョン]	년
015 ☐ ☐	**~월** [ウォル]	월
016 ☐ ☐	**일**2 [イル]	일

017 ☐ ☐	**네** [ネ]	はい

018 ☐ ☐	**아뇨** [アニョ]	いいえ

019 ☐ ☐	**이²** [イ]	この

020 ☐ ☐	**그** [ク]	その

021 ☐ ☐	**저¹** [チョ]	あの

022 ☐ ☐	**것** [걷 コッ]	もの、こと、〜の 縮 거

023 ☐ ☐	**이것** [이걷 イゴッ]	これ 縮 이거

024 ☐ ☐	**그것** [그걷 クゴッ]	それ 縮 그거

▲

解説 018 **아뇨**は、「ありがとう」に対する返事としても使えます。　020 **그**は、話し手と聞き手がお互いに知っている物を指す「あの」の意味でも使われます。　021 **저**は、遠くに実際に見えている物を指す「あの」の意味でしか使われません。

1 週目
2 週目
3 週目

네. 맞아요.

ネ マジャヨ
마자요

はい。そうです。

補 **아뇨, 괜찮아요.**

アニョ クェンチャナヨ
괜차나요

いいえ、大丈夫です。

이 음식 맛있어요.

イ ウムシク マシッソヨ
마시써요

この料理、おいしいです。

補 **그 가게는 싸요.**

ク カゲヌン サヨ

その店は安いです。

補 **저 사람이 선생님이에요.**

チョ サラミ ソンセンニミエヨ
저 사라미 선생니미에요

あの人が先生です。

그것은 제 것이에요.

クゴスン チェ ゴシエヨ
그거슨 제 거시에요

それは私の物です。

이것이 뭐예요?

イゴシ ムォエヨ
이거시 뭐에요

これは何ですか?

그것은 제 것이 아니에요.

クゴスン チェ ゴシ アニエヨ
그거슨 제 거시

それは私の物ではありません。

021

025	**저것** □ □　[저걷 チョゴッ]	あれ 縮 저거

026	**무엇** □ □　[무얻 ムオッ]	何、何か 縮 뭐

027	**어느** □ □　[オヌ]	どの、ある、とある

028	**어떤** □ □　[オットン]	どんな

029	**여기** □ □　[ヨギ]	ここ

030	**거기** □ □　[コギ]	そこ

031	**저기** □ □　[チョギ]	あそこ

032	**어디** □ □　[オディ]	どこ、どこか

解説　027 **어느**は、三つ以上から選ぶ場合だけでなく、二つのうちどちらかを選ぶ場合にも使います。

저것은 얼마예요?

あれはいくらですか?

저거슨　얼마예요
チョゴスン　オルマエヨ

무엇이 좋아요?

何がいいですか?

무어시　조아요
ムオシ　チョアヨ

補 어느 거예요?

どれですか?

어느 거예요
オヌ ゴエヨ

어떤 것이 좋아요?

どんなのがいいですか?

어떤 거시　조아요
オットン ゴシ　チョアヨ

집이 여기예요?

家はここですか?

지비　여기예요
チビ　ヨギエヨ

거기에 있어요.

そこにあります。

コギエ　이써요
イッソヨ

저기가 도쿄역이에요.

あそこが東京駅です。

도쿄여기에요
チョギガ　トキョヨギエヨ

어디로 가요?

どこに行きますか?

オディロ　カヨ

書いて覚えよう！

音声を聞きながら、口ずさみながら、
書いて単語を覚えましょう。

017 ☐ ☐	**네** [ネ]	네
018 ☐ ☐	**아뇨** [アニョ]	아뇨
019 ☐ ☐	**이**² [イ]	이
020 ☐ ☐	**그** [ク]	그
021 ☐ ☐	**저**¹ [チョ]	저
022 ☐ ☐	**것** [걷 コッ]	것
023 ☐ ☐	**이것** [이걷 イゴッ]	이것
024 ☐ ☐	**그것** [그걷 クゴッ]	그것

| 025 | **저것** | 저것 |
| □ □ | [저걷
 チョゴッ] | |

| 026 | **무엇** | 무엇 |
| □ □ | [무얻
 ムオッ] | |

| 027 | **어느** | 어느 |
| □ □ | [オヌ] | |

| 028 | **어떤** | 어떤 |
| □ □ | [オットン] | |

| 029 | **여기** | 여기 |
| □ □ | [ヨギ] | |

| 030 | **거기** | 거기 |
| □ □ | [コギ] | |

| 031 | **저기** | 저기 |
| □ □ | [チョギ] | |

| 032 | **어디** | 어디 |
| □ □ | [オディ] | |

033 ☐ ☐	**예요/이에요** [에요/ エヨ/イエヨ]	～です 基 이다 [イダ]
034 ☐ ☐	**아니에요** [アニエヨ]	(～では) ありません、違います 基 아니다 [アニダ]
035 ☐ ☐	**있어요** [이써요 イッソヨ]	あります、います 基 있다 [읻따 イッタ]
036 ☐ ☐	**없어요** [업써요 オプソヨ]	ありません、いません 基 없다 [업따 オプタ]
037 ☐ ☐	**고마워요** [コマウォヨ]	ありがたいです 基 고맙다 [고맙따 コマプタ]
038 ☐ ☐	**감사해요** [カムサヘヨ]	ありがたいです、感謝します　漢 感謝-- 基 감사하다 [カムサハダ]
039 ☐ ☐	**반가워요** [パンガウォヨ]	(会えて) うれしいです 基 반갑다 [반갑따 パンガプタ]
040 ☐ ☐	**미안해요** [미아내요 ミアネヨ]	すみません、申し訳ありません　漢 未安-- 基 미안하다 [미아나다 ミアナダ]

解説　038 **고마워요**の方が**감사해요**よりいくぶん柔らかい印象です。　039 この例文は日常的に使われるフレーズなので、文法は気にせずに、とにかくまるごと覚えてしまいましょう！　040 この例文も日常的に使われるフレーズなので、文法は気にせずに、とにかくまるごと覚えてしまいましょう！　**미안해요**は、[**미아내요**]と発音されます (ㅎ弱化)。

저는 하나다 히토미**예요**.

チョヌン　하나다 히토미에요
ハナダ ヒトミエヨ

私はハナダヒトミです。

저는 한국 사람이 **아니에요**.

チョヌン　한국 싸라미
ハングク サラミ　アニエヨ

私は韓国人ではありません。

오늘은 약속이 **있어요**.

오느른　약쏘기　이써요
オヌルン　ヤクソギ　イッソヨ

今日は約束があります。

남자 형제는 **없어요**.

ナムジャ ヒョンジェヌン　업써요
オプソヨ

男の兄弟はいません。

사진 **고마워요**.

サジン　コマウォヨ

写真、ありがとうございます。

補 언제나 **감사해요**.

オンジェナ　カムサヘヨ

いつもありがとうございます。

補 만나서 **반가워요**.

マンナソ　パンガウォヨ

会えてうれしいです。

補発 늦어서 **미안해요**.

느저서　미아내요
ヌジョソ　ミアネヨ

遅れてすみません。

041 ☐ ☐	**죄송해요** [チュェソンヘヨ]	申し訳ありません、恐れ入ります　漢 罪悚-- 基 **죄송하다** [チュェソンハダ]
042 ☐ ☐	**괜찮아요** [괜차나요 クェンチャナヨ]	大丈夫です、結構です 基 **괜찮다** [괜찬타 クェンチャンタ]
043 ☐ ☐	**아파요** [アパヨ]	痛いです、具合が悪いです 基 **아프다** [アプダ]
044 ☐ ☐	**좋아요** [조아요 チョアヨ]	良いです、好きです 基 **좋다** [조타 チョタ]
045 ☐ ☐	**싫어요** [시러요 シロヨ]	嫌です、嫌いです 基 **싫다** [실타 シルタ]
046 ☐ ☐	**나빠요** [ナッパヨ]	悪いです 基 **나쁘다** [ナップダ]
047 ☐ ☐	**맛있어요** [마시써요 マシッソヨ]	おいしいです 基 **맛있다** [마싣따 マシッタ]
048 ☐ ☐	**맛없어요** [마덥써요 マドプソヨ]	まずいです 基 **맛없다** [마덥따 マドプタ]

解説　048 **맛없어요**は、[**마덥써요**]と発音されます（代表音の連音化）。

정말 **죄송해요**.

本当に申し訳ありません。

チョンマル　チュェソンヘヨ

저는 **괜찮아요**.

私は大丈夫です。

괜차나요
チョヌン　クェンチャナヨ

머리가 **아파요**.

頭が痛いです。

モリガ　アパヨ

이 음식은 몸에 **좋아요**.

この料理は体にいいです。

이 음시근　모메　조아요
イ ウムシグン　モメ　チョアヨ

그 남자 **싫어요**.

その男性は嫌です。

시러요
ク ナムジャ　シロヨ

내가 눈이 **나빠요**.

私は目が悪いです。

누니
ネガ　ヌニ　ナッパヨ

너무 **맛있어요**.

とてもおいしいです。

마시써요
ノム　マシッソヨ

発 여기는 **맛없어요**.

ここはまずいです。

마덥써요
ヨギヌン　マドプソヨ

書いて覚えよう！

---

033 **예요/이에요** 예요/이에요
[에요/
エヨ/イエヨ]

---

034 **아니에요** 아니에요
[アニエヨ]

---

035 **있어요** 있어요
[이써요
イッソヨ]

---

036 **없어요** 없어요
[업따
オプタ]

---

037 **고마워요** 고마워요
[コマウォヨ]

---

038 **감사해요** 감사해요
[カムサヘヨ]

---

039 **반가워요** 반가워요
[パンガウォヨ]

---

040 **미안해요** 미안해요
[미아내요
ミアネヨ]

041 □ □	**죄송해요**	죄송해요
	[チュェソンヘヨ]	

042 □ □	**괜찮아요**	괜찮아요
	[괜차나요 클엔차나요 클엔차나요]	

043 □ □	**아파요**	아파요
	[アパヨ]	

044 □ □	**좋아요**	좋아요
	[조아요 チョアヨ]	

045 □ □	**싫어요**	싫어요
	[시러요 シロヨ]	

046 □ □	**나빠요**	나빠요
	[ナッパヨ]	

047 □ □	**맛있어요**	맛있어요
	[마시써요 マシッソヨ]	

048 □ □	**맛없어요**	맛없어요
	[마덥써요 マドプソヨ]	

---

049 ☐ ☐	**저²** [チョ]	私 (わたくし)

---

050 ☐ ☐	**제** [チェ]	私 (わたくし) の

---

051 ☐ ☐	**저희** [저히 / チョヒ]	私 (わたくし) たち

---

052 ☐ ☐	**나** [ナ]	私

---

053 ☐ ☐	**내** [ネ]	私の

---

054 ☐ ☐	**우리** [ウリ]	私たち

---

055 ☐ ☐	**아버지** [アボジ]	父、お父さん

---

056 ☐ ☐	**어머니** [オモニ]	母、お母さん

▲

解説　049 **~라고 해요**は自己紹介の際に使うお決まりの表現です。 050 **~이요**は、聞き返しや軽い返答などに用いる助詞です。 051 **일본 사람이에요**は、[**일본 싸라미에요**]と発音されます (合成語の濃音化)。 054 **친구하다**は、「友達になる」という動詞です。 055 **일하세요**は、[**이라세요**]と発音されます (ㅎ弱化)。この**-세요**は、「~してください」 ↗

文 **저는** 스즈키라고 해요.

私はスズキといいます。

チョヌン　スジュキラゴヘヨ

補 **제** 이름이요?

私の名前ですか?

제 이르미요
チェ イルミヨ

発 **저희는** 일본 사람이에요.

私たちは日本人です。

저히는　일본 싸라미에요
チョヒヌン　イルボン サラミエヨ

나는 미나예요.

私はミナです。

미나에요
ナヌン　ミナエヨ

이것이 **내** 딸이에요.

これが私の娘です。

이거시　내 따리에요
イゴシ　ネ タリエヨ

補 **우리** 친구해요.

私たち、友達になりましょう。

ウリ　チングヘヨ

文
発
補 **아버지는** 회사에서 일하세요.

父は会社で働いています。

이라세요
アボジヌン　フェサエソ　イラセヨ

発 **어머니하고** 같이 왔어요.

母と一緒に来ました。

가치　와써요
オモニハゴ　カチ　ワッソヨ

ではなく「～していらっしゃいます」という意味です。　056 **같이**は、[**가치**]と発音されます (口蓋音化) 。

| 057 | **형** | (弟から見た) 兄　漢 兄 |
| | □ □ | [ヒョン] |

| 058 | **오빠** | (妹から見た) 兄 |
| | □ □ | [オッパ] |

| 059 | **누나** | (弟から見た) 姉 |
| | □ □ | [ヌナ] |

| 060 | **언니** | (妹から見た) 姉 |
| | □ □ | [オンニ] |

| 061 | **동생** | 弟、妹 |
| | □ □ | [トンセン] |

| 062 | **할아버지** | おじいさん |
| | □ □ | [하라버지 / ハラボジ] |

| 063 | **할머니** | おばあさん |
| | □ □ | [ハルモニ] |

| 064 | **가족** | 家族　漢 家族 |
| | □ □ | [カジョク] |

解説　057 잘해요は、[자래요]と発音されます (ㅎ弱化)。　058 오빠라고は、오빠に助詞の〜라고が付いた形です。**불러요**は、르変則の**부르다** (呼ぶ) の現在形です。　059 **결혼했어요**は、[겨로내써요]と発音されます (ㅎ弱化)。**결혼하다** (結婚する) の過去形ですが「(現在) 結婚しています」という意味でよく使われます。　060 **있으세요**は、있어요 ↗

| 発 | **형은 공부를 잘해요.** | 兄は勉強をしっかりします。 |

ヒョンウン　コンブルル　チャレヨ（자래요）

| 文変 | **나를 오빠라고 불러요.** | 僕をオッパと呼んでください。 |

ナルル　オッパラゴ　プルロヨ

| 発補 | **누나는 결혼했어요.** | 姉は結婚しています (しました)。 |

ヌナヌン　キョロネッソヨ（겨로내써요）

| 補 | **언니가 있으세요?** | お姉さんがいるんですか? |

オンニガ　イッスセヨ（이쓰세요）

동생은 몇 살이에요?　弟／妹は何歳ですか?

トンセンウン　ミョッ サリエヨ（면 싸리에요）

할아버지는 안녕하세요?　おじいさんはお元気ですか?

ハラボジヌン（하라버지는）　アンニョンハセヨ

할머니, 여기 앉으세요.　おばあさん、ここに座ってください。

ハルモニ　ヨギ　アンジュセヨ（안즈세요）

| 発 | **가족은 몇 명이세요?** | 家族は何人ですか? |

カジョグン（가조근）　ミョン ミョンイセヨ（면 명이세요）

の尊敬語の一つで、**계세요**とは異なり**언니가 있다** (お姉さんがいる) や**시간이 있다** (時間がある) など、「持っている」という意味の**있다**に使います。 064 **몇 명**は、[면 명]と発音されます (鼻音化)。

035

書いて覚えよう！

音声を聞きながら、口ずさみながら、
書いて単語を覚えましょう。

---

049 **저²**　　저
☐
☐ [チョ]

---

050 **제**　　제
☐
☐ [チェ]

---

051 **저희**　　저희
☐
☐ [저히 / チョヒ]

---

052 **나**　　나
☐
☐ [ナ]

---

053 **내**　　내
☐
☐ [ネ]

---

054 **우리**　　우리
☐
☐ [ウリ]

---

055 **아버지**　　아버지
☐
☐ [アボジ]

---

056 **어머니**　　어머니
☐
☐ [オモニ]

| 057 | 형 | 형 |
| | [ヒョン] | |

| 058 | 오빠 | 오빠 |
| | [オッパ] | |

| 059 | 누나 | 누나 |
| | [ヌナ] | |

| 060 | 언니 | 언니 |
| | [オンニ] | |

| 061 | 동생 | 동생 |
| | [トンセン] | |

| 062 | 할아버지 | 할아버지 |
| | [하라버지] [ハラボジ] | |

| 063 | 할머니 | 할머니 |
| | [ハルモニ] | |

| 064 | 가족 | 가족 |
| | [カジョク] | |

065 ☐ ☐	**남편** [ナムピョン]	夫　漢 男便

066 ☐ ☐	**아내** [アネ]	妻、家内

067 ☐ ☐	**아이** [アイ]	子ども 縮 애

068 ☐ ☐	**아들** [アドゥル]	息子

069 ☐ ☐	**딸** [タル]	娘

070 ☐ ☐	**아저씨** [アジョッシ]	おじさん

071 ☐ ☐	**아주머니** [アジュモニ]	おばさん、奥さん

072 ☐ ☐	**사람** [サラム]	人

解説　066 **무서워요**は、ㅂ変則の**무섭다**(怖い)の現在形です。　068 **잘해요**は、[자래요]と発音されます(ㅎ弱化)。　069 **친구처럼**は、**친구**(友達)に助詞の〜**처럼**が付いた形です。　071 **계산해 주세요**は、**계산하다**(計算する)に-**어 주세요**が付いた形で、[게사내 주세요]と発音されます(ㅎ弱化)。

남편이 곧 와요.

남펴니
ナムピョニ　コッ　ワヨ

夫がすぐ来ます。

変 **아내**가 제일 무서워요.

アネガ　チェイル　ムソウォヨ

妻が一番怖いです。

아이가 한 명 있어요.

이써요
アイガ　ハンミョン　イッソヨ

子どもが一人います。

発 우리 **아들**은 운동을 잘해요.

우리 아드른　　　　　　자래요
ウリ アドゥルン　ウンドンウル　チャレヨ

うちの息子は運動が上手で
す。

文 **딸**과 친구처럼 지내요.

タルグァ　チングチョロム　チネヨ

娘と友達のように過ごして
います。

아저씨, 이거 얼마예요?

얼마예요
アジョッシ　イゴ　オルマエヨ

おじさん、これいくらです
か?

文
発 **아주머니**, 계산해 주세요.

계사내 주세요
アジュモニ　ケサネ ジュセヨ

おばさん、お会計 (計算) し
てください。

사람이 너무 많아요.

사라미　　　마나요
サラミ　ノム　マナヨ

人がとても多いです。

073 □ □	**누구** [ヌグ]	誰、誰か
074 □ □	**이름** [イルム]	名前
075 □ □	**친구** [チング]	友人 漢親旧
076 □ □	**남자** [ナムジャ]	男、男性 漢男子
077 □ □	**여자** [ヨジャ]	女、女性 漢女子
078 □ □	**손님** [ソンニム]	お客さん
079 □ □	**개¹** [ケ]	犬
080 □ □	**고양이** [コヤンイ]	猫

解説 073 홍길동は、[홍길똥]と発音されます（漢字語の濃音化）。홍길동は古典小説の男性主人公の名前で、韓国では氏名欄への記入例としてよく使われています。 074 어떻게は、[어떠케]と発音されます（激音化）。어떻게 되세요?は、「何ですか」「いくつですか」などの疑問を丁寧に尋ねる表現です。 075 친구랑は、친구に助詞の〜랑が付いた形で ↗

発補 **홍길동이 누구예요?**
洪吉童って誰ですか?

홍길똥이　누구에요
ホンギルトンイ　ヌグエヨ

発補 **이름**이 어떻게 되세요?
お名前は何とおっしゃいますか?

이르미　어떠케　트ェ세요
イルミ　オットケ　トェセヨ

文 주말에는 **친구**랑 놀아요.
週末は友達と遊びます。

주마레는　친구랑　노라요
チュマレヌン　チングラン　ノラヨ

저는 그 **남자**가 좋아요.
私はあの人 (男性) が好きです。

저는　그 남자가　조아요
チョヌン　ク ナムジャガ　チョアヨ

補 **여자** 친구 있어요?
彼女はいますか?

여자 친구　이써요
ヨジャ チング　イッソヨ

손님이 오셨어요.
お客さんがいらっしゃいました。

손니미　오셔써요
ソンニミ　オショッソヨ

집에 **개**가 있어요.
家に犬がいます。

지베　개가　이써요
チベ　ケガ　イッソヨ

저도 **고양이**가 좋아요.
私も猫が好きです。

저도　고양이가　조아요
チョド　コヤンイガ　チョアヨ

す。 077 **여자 친구**は「 (付き合っている) 彼女」の意味ですが、ただの「女性の友達」を指すこともあります。

041

| 065 | **남편** | 남편 |
| | ☐ ☐ [ナムピョン] | |

| 066 | **아내** | 아내 |
| | ☐ ☐ [アネ] | |

| 067 | **아이** | 아이 |
| | ☐ ☐ [アイ] | |

| 068 | **아들** | 아들 |
| | ☐ ☐ [アドゥル] | |

| 069 | **딸** | 딸 |
| | ☐ ☐ [タル] | |

| 070 | **아저씨** | 아저씨 |
| | ☐ ☐ [アジョッシ] | |

| 071 | **아주머니** | 아주머니 |
| | ☐ ☐ [アジュモニ] | |

| 072 | **사람** | 사람 |
| | ☐ ☐ [サラム] | |

| 073 | 누구 | 누구 |
| | [ヌグ] | |

| 074 | 이름 | 이름 |
| | [イルム] | |

| 075 | 친구 | 친구 |
| | [チング] | |

| 076 | 남자 | 남자 |
| | [ナムジャ] | |

| 077 | 여자 | 여자 |
| | [ヨジャ] | |

| 078 | 손님 | 손님 |
| | [ソンニム] | |

| 079 | 개¹ | 개 |
| | [ケ] | |

| 080 | 고양이 | 고양이 |
| | [コヤンイ] | |

081 □ □	**해요** [ヘヨ]	します、〜と言います、〜と思います 基 **하다** [ハダ]
082 □ □	**배워요** [ペウォヨ]	習います、学びます 基 **배우다** [ペウダ]
083 □ □	**말해요** [마래요 マレヨ]	言います、話します 基 **말하다** [마라다 マラダ]
084 □ □	**잘해요** [자래요 チャレヨ]	上手です、うまいです 基 **잘하다** [자라다 チャラダ]
085 □ □	**가요** [カヨ]	行きます 基 **가다** [カダ]
086 □ □	**와요** [ワヨ]	来ます 基 **오다** [オダ]
087 □ □	**먹어요** [머거요 モゴヨ]	食べます、(酒、薬などを) 飲みます 基 **먹다** [먹따 モクタ]
088 □ □	**마셔요** [マショヨ]	飲みます、吸います 基 **마시다** [マシダ]

解説　083 **어떻게**は、[어떠케]と発音されます (激音化)。**말해요**は、[마래요]と発音されます (ㅎ弱化)。　084 **잘해요**は、[자래요]と発音されます (ㅎ弱化)。**친구**は、「友達」よりも少し広く、親しい人を指す意味でも使われます。

지금 뭐 **해요**?

チグム　ムォ ヘヨ

今、何してますか？

어디에서 한국어를 **배워요**?

オディエソ　한구거를 ハングゴルル　ペウォヨ

どこで韓国語を習いますか？

発 한국어로 어떻게 **말해요**?

한구거로 ハングゴロ　어떠케 オットケ　마래요 マレヨ

韓国語でどう言いますか？

発
補 그 친구는 일본어를 **잘해요**.

ク チングヌン　일보너를 イルボノルル　자래요 チャレヨ

彼／彼女は日本語が上手です。

할머니 집에 **가요**.

ハルモニ　지베 チベ　カヨ

おばあさんの家に行きます。

친구가 내일 **와요**.

チングガ　ネイル　ワヨ

友達が明日来ます。

고기 더 **먹어요**.

コギ　ト　머거요 モゴヨ

肉、もっと食べてください。

물을 많이 **마셔요**.

무를 ムルル　마니 マニ　マショヨ

水をたくさん飲みます。

089	**알아요** [아라요 / 아라요] [アラヨ]	知っています、分かります 基 **알다** [アルダ]
090	**몰라요** [モルラヨ]	知りません、分かりません 基 **모르다** [モルダ]
091	**좋아해요** [조아해요 / チョアヘヨ]	好きです、好みます 基 **좋아하다** [조아하다 チョアハダ]
092	**싫어해요** [시러해요 / シロヘヨ]	嫌いです 基 **싫어하다** [시러하다 シロハダ]
093	**계세요** [게세요 / ケセヨ]	いらっしゃいます 基 **계시다** [게시다 ケシダ]
094	**살아요** [사라요 / サラヨ]	住みます、生きます、暮らします 基 **살다** [サルダ]
095	**가르쳐요** [가르처요 / カルチョヨ]	教えます 基 **가르치다** [カルチダ]
096	**잊어요** [이저요 / イジョヨ]	忘れます 基 **잊다** [읻따 イッタ]

解説　090 **한국 노래**は、[한궁 노래]と発音されます（鼻音化）。 095 **연락처**は、[열락처]と発音されます（流音化）。**가르쳐 주세요**は、**가르치다**に-어 주세요が付いた形です。

046

그거는 제가 잘 **알아요**.

クゴヌン　チェガ　チャル　아라요 アラヨ

それは私がよく知っています。

発 ## 한국 노래를 잘 **몰라요**.

한궁 노래를 ハングン ノレルル　チャル　モルラヨ

韓国の歌はよく知りません。

한국 드라마를 **좋아해요**.

ハングク トゥラマルル　조아해요 チョアヘヨ

韓国ドラマが好きです。

우리 딸은 공부를 **싫어해요**.

우리 따른 ウリ タルン　コンブルル　시러해요 シロヘヨ

うちの娘は勉強が嫌いです。

언제까지 일본에 **계세요**?

オンジェッカジ　일보네 イルボネ　계세요 ケセヨ

いつまで日本にいらっしゃいますか?

여동생은 부산에 **살아요**.

ヨドンセンウン　부사네 プサネ　사라요 サラヨ

妹は釜山に住んでいます。

発
文 ## 연락처 **가르쳐** 주세요.

열락처 ヨルラクチョ　가르처 주세요 カルチョ ジュセヨ

連絡先を教えてください。

약속 시간을 **잊었어요**.

약쏙 씨가늘 ヤクソク シガヌル　이저써요 イジョッソヨ

約束の時間を忘れました。

書いて覚えよう！

音声を聞きながら、口ずさみながら、
書いて単語を覚えましょう。

---

081 **해요** 　해요

[ヘヨ]

---

082 **배워요** 　배워요

[ペウォヨ]

---

083 **말해요** 　말해요

[마래요
マレヨ]

---

084 **잘해요** 　잘해요

[자래요
チャレヨ]

---

085 **가요** 　가요

[カヨ]

---

086 **와요** 　와요

[ワヨ]

---

087 **먹어요** 　먹어요

[머거요
モゴヨ]

---

088 **마셔요** 　마셔요

[マショヨ]

---

089 ☐ ☐	**알아요** [아라요 / アラヨ]	알아요
090 ☐ ☐	**몰라요** [モルラヨ]	몰라요
091 ☐ ☐	**좋아해요** [조아해요 / チョアヘヨ]	좋아해요
092 ☐ ☐	**싫어해요** [시러해요 / シロヘヨ]	싫어해요
093 ☐ ☐	**계세요** [게세요 / ケセヨ]	계세요
094 ☐ ☐	**살아요** [사라요 / サラヨ]	살아요
095 ☐ ☐	**가르쳐요** [가르처요 / カルチョヨ]	가르쳐요
096 ☐ ☐	**잊어요** [이저요 / イジョヨ]	잊어요

097 ☐ ☐	**읽어요** [일거요 イルゴヨ]	読みます 基 **읽다** [익따 イクタ]

098 ☐ ☐	**써요**¹ [ソヨ]	書きます 基 **쓰다** [スダ]

099 ☐ ☐	**만들어요** [만드러요 マンドゥロヨ]	作ります、造ります 基 **만들다** [マンドゥルダ]

100 ☐ ☐	**생각해요** [생가캐요 センガケヨ]	考えます 基 **생각하다** [생가카다 センガカダ]

101 ☐ ☐	**시작해요** [시자캐요 シジャケヨ]	始めます　漢 始作-- 基 **시작하다** [시자카다 シジャカダ]

102 ☐ ☐	**시작돼요** [시작뙈요 シジャクトェヨ]	始まります　漢 始作-- 基 **시작되다** [시작뙤다 シジャクトェダ]

103 ☐ ☐	**끝나요** [끈나요 クンナヨ]	終わります 基 **끝나다** [끈나다 クンナダ]

104 ☐ ☐	**입어요** [이버요 イボヨ]	着ます、(ズボンやスカートを) はきます 基 **입다** [입따 イプタ]

解説　097 **읽고**は、**읽다**に-고 있어요が付いた形で、[일꼬 이써요]と発音されます (語尾の濃音化) 。 098 **썼어요**は、으語幹の**쓰다**に-었어요が付いた形です。 099 **한국 요리**は、[한궁 뇨리]と発音されます (ㄴ挿入、鼻音化) 。 100 **어떻게**と**생각해요**は、それぞれ[어떠케]、[생가캐요]と発音されます (激音化) 。 101 **시작했어요**は、[시자캐써요]と発音 ↗

文
発 책을 **읽고** 있어요.

채글 일꼬 이써요
チェグル　イルコ イッソヨ

本を読んでいます。

変 친구에게 메일을 **썼어요**.

메이를 써써요
チングエゲ　メイルル　ソッソヨ

友達にメールを書きました。

発 한국 요리를 **만들었어요**.

한궁 뇨리를 만드러써요
ハングン ニョリルル　マンドゥロッソヨ

韓国料理を作りました。

発 어떻게 **생각해요?**

어떠케 생가캐요
オットケ　センガケヨ

どのように考えますか?

発 영어 공부를 **시작했어요**.

시자캐써요
ヨンオ　コンブルル　シジャケッソヨ

英語の勉強を始めました。

영화는 여섯 시에 **시작돼요**.

여섣 씨에 시작돼요
ヨンファヌン　ヨソッ シエ　シジャクトェヨ

映画は6時に始まります。

発 시합이 지금 **끝났어요**.

시하비 끈나써요
シハビ　チグム　クンナッソヨ

試合が今終わりました。

바지 **입었어요?**

이버써요
パジ　イボッソヨ

ズボンはきましたか?

されます(激音化)。 103 **끝났어요**は、[**끈나써요**]と発音されます(鼻音化)。

051

| 105 | **신어요**
☐
☐ [시너요
シノヨ] | 履きます
墓**신다** [신따 シンタ] |

| 106 | **써요²**
☐
☐ [ソヨ] | かぶります、(眼鏡を) 掛けます
墓**쓰다** [スダ] |

| 107 | **벗어요**
☐
☐ [버서요
ポソヨ] | 脱ぎます
墓**벗다** [벋따 ポッタ] |

| 108 | **앉아요**
☐
☐ [안자요
アンジャヨ] | 座ります
墓**앉다** [안따 アンタ] |

| 109 | **일어나요**
☐
☐ [이러나요
イロナヨ] | 起きます、生じます、起こります
墓**일어나다** [이러나다 イロナダ] |

| 110 | **자요**
☐
☐ [チャヨ] | 寝ます
墓**자다** [チャダ] |

| 111 | **타요**
☐
☐ [タヨ] | 乗ります、(スキーやそりなどで) 滑ります
墓**타다** [タダ] |

| 112 | **내려요**
☐
☐ [ネリョヨ] | 降ります、下ろします
墓**내리다** [ネリダ] |

解説　105 ズボンやスカートの場合は**신어요**ではなく**입어요** (☞104) を使います。　106 **써 봐요**は、으語幹の**쓰다**に-**어 봐요**が付いた形です。

補	신발 **신었어요?**	靴履きましたか？
	シンバル　시너써요 シノッソヨ	

変文	이 모자 **써** 봐요.	この帽子かぶってみてください。
	イ モジャ　ソ ボァヨ	

신발을 **벗어요.**	靴を脱ぎます。
신바를 シンバルル　버서요 ポソヨ	

여기에 **앉아요.**	ここに座ります。
ヨギエ　안자요 アンジャヨ	

아침 여섯 시에 **일어나요.**	朝6時に起きます。
アチム　여섣 씨에 ヨソッ シエ　이러나요 イロナヨ	

빨리 **자요!**	早く寝なさい！
パルリ　チャヨ	

저 버스를 **타세요.**	あのバスに乗ってください。
チョ ポスルル　タセヨ	

여기에서 **내려요?**	ここで降りますか？
ヨギエソ　ネリョヨ	

書いて覚えよう！

音声を聞きながら、口ずさみながら、
書いて単語を覚えましょう。

097 ☐ ☐	**읽어요** [일거요 イルゴヨ]	읽어요
098 ☐ ☐	**써요¹** [ソヨ]	써요
099 ☐ ☐	**만들어요** [만드러요 マンドゥロヨ]	만들어요
100 ☐ ☐	**생각해요** [생가캐요 センガケヨ]	생각해요
101 ☐ ☐	**시작해요** [시자캐요 シジャケヨ]	시작해요
102 ☐ ☐	**시작돼요** [시작뙈요 シジャクトェヨ]	시작돼요
103 ☐ ☐	**끝나요** [끈나요 クンナヨ]	끝나요
104 ☐ ☐	**입어요** [이버요 イボヨ]	입어요

| 105 | **신어요** | 신어요 |
| | [시너요 / シノヨ] | |

| 106 | **써요²** | 써요 |
| | [ソヨ] | |

| 107 | **벗어요** | 벗어요 |
| | [버서요 / ポソヨ] | |

| 108 | **앉아요** | 앉아요 |
| | [안자요 / アンジャヨ] | |

| 109 | **일어나요** | 일어나요 |
| | [이러나요 / イロナヨ] | |

| 110 | **자요** | 자요 |
| | [チャヨ] | |

| 111 | **타요** | 타요 |
| | [タヨ] | |

| 112 | **내려요** | 내려요 |
| | [ネリョヨ] | |

入門レベルでよく使う基本的な活用形と、
各単語の活用と語幹の種類を示しました。
表の見方は P.008 を参照してください。

033 ☐☐	**이다** [イダ]	陰語幹 パッチム無	**예요 / 이에요** [에요/ エヨ / イエヨ]	**였어요/이었어요** [여써요/이어써요 ヨッソヨ / イオッソヨ]	**이세요** [イセヨ]
034 ☐☐	**아니다** [アニダ]	陰語幹 パッチム無	**아니에요** [アニエヨ]	**아니었어요** [아니어써요 アニオッソヨ]	**아니세요** [アニセヨ]
035 ☐☐	**있다** [읻따 イッタ]	陰語幹 パッチム有	**있어요** [이써요 イッソヨ]	**있었어요** [이써써요 イッソッソヨ]	**있으세요** [이쓰세요 イッスセヨ]
036 ☐☐	**없다** [업따 オプタ]	陰語幹 パッチム有	**없어요** [업써요 オプソヨ]	**없었어요** [업써써요 オプソッソヨ]	**없으세요** [업쓰세요 オプスセヨ]
037 ☐☐	**고맙다** [고맙따 コマプタ]	ㅂ変則 パッチム有	**고마워요** [コマウォヨ]	**고마웠어요** [고마워써요 コマウォッソヨ]	**고마우세요** [コマウセヨ]
038 ☐☐	**감사하다** [カムサハダ]	하다用言 パッチム無	**감사해요** [カムサヘヨ]	**감사했어요** [감사해써요 カムサヘッソヨ]	**감사하세요** [カムサハセヨ]
039 ☐☐	**반갑다** [반갑따 パンガプタ]	ㅂ変則 パッチム有	**반가워요** [パンガウォヨ]	**반가웠어요** [반가워써요 パンガウォッソヨ]	**반가우세요** [パンガウセヨ]
040 ☐☐	**미안하다** [미아나다 ミアナダ]	하다用言 パッチム無	**미안해요** [미아내요 ミアネヨ]	**미안했어요** [미아내써요 ミアネッソヨ]	**미안하세요** [미아나세요 ミアナセヨ]

041 죄송하다 하다用言 죄송해요 죄송했어요 죄송하세요

☐
☐
[チュエソンハダ] パッチム無 [チュエソンヘヨ] [죄송해써요
チュエソンヘッソヨ] [チュエソンハセヨ]

042 괜찮다 陽語幹 괜찮아요 괜찮았어요 괜찮으세요

☐
☐
[괜찬타
クェンチャンタ] パッチム有 [괜차나요
クェンチャナヨ] [괜차나써요
クェンチャナッソヨ] [괜차느세요
クェンチャヌセヨ]

043 아프다 으語幹 아파요 아팠어요 아프세요

☐
☐
[アプダ] 陽語幹
パッチム無 [アパヨ] [아파써요
アパッソヨ] [アプセヨ]

044 좋다 陽語幹 좋아요 좋았어요 좋으세요

☐
☐
[조타
チョタ] パッチム有 [조아요
チョアヨ] [조아써요
チョアッソヨ] [조으세요
チョウセヨ]

045 싫다 陰語幹 싫어요 싫었어요 싫으세요

☐
☐
[실타
シルタ] パッチム有 [시러요
シロヨ] [시러써요
シロッソヨ] [시르세요
シルセヨ]

046 나쁘다 으語幹 나빠요 나빴어요 나쁘세요

☐
☐
[ナップダ] 陽語幹
パッチム無 [ナッパヨ] [나빠써요
ナッパッソヨ] [ナップセヨ]

047 맛있다 陰語幹 맛있어요 맛있었어요 맛있으세요

☐
☐
[마싣따
マシッタ] パッチム有 [마시써요
マシッソヨ] [마시써써요
マシッソッソヨ] [마시쓰세요
マシッスセヨ]

048 맛없다 陰語幹 맛없어요 맛없었어요 맛없으세요

☐
☐
[마덥따
マドプタ] パッチム有 [마덥써요
マドプソヨ] [마덥써써요
マドプソッソヨ] [마덥쓰세요
マドプスセヨ]

入門レベルでよく使う基本的な活用形と、各単語の活用と語幹の種類を示しました。表の見方は P.008 を参照してください。

081 □□	**하다** ハダ	하다用言 パッチム無	**해요** ヘヨ	**했어요** 해써요 ヘッソヨ	**하세요** ハセヨ

082 □□	**배우다** ペウダ	陰語幹 パッチム無	**배워요** ペウォヨ	**배웠어요** 배워써요 ペウォッソヨ	**배우세요** ペウセヨ

083 □□	**말하다** 마라다 マラダ	하다用言 パッチム無	**말해요** 마래요 マレヨ	**말했어요** 마래써요 マレッソヨ	**말하세요** 마라세요 マラセヨ

084 □□	**잘하다** 자라다 チャラダ	하다用言 パッチム無	**잘해요** 자래요 チャレヨ	**잘했어요** 자래써요 チャレッソヨ	**잘하세요** 자라세요 チャラセヨ

085 □□	**가다** カダ	陽語幹 パッチム無	**가요** カヨ	**갔어요** 가써요 カッソヨ	**가세요** カセヨ

086 □□	**오다** オダ	陽語幹 パッチム無	**와요** ワヨ	**왔어요** 와써요 ワッソヨ	**오세요** オセヨ

087 □□	**먹다** 먹따 モクタ	陰語幹 パッチム有	**먹어요** 머거요 モゴヨ	**먹었어요** 머거써요 モゴッソヨ	**드세요** トゥセヨ

088 □□	**마시다** マシダ	陰語幹 パッチム無	**마셔요** マショヨ	**마셨어요** 마셔써요 マショッソヨ	**드세요** トゥセヨ

089	알다 [アルダ]	ㄹ語幹 / 陽語幹 / パッチム有	알아요 아라요 アラヨ	알았어요 아라써요 アラッソヨ	아세요 アセヨ
090	모르다 [モルダ]	르変則 / 陽語幹 / パッチム無	몰라요 モルラヨ	몰랐어요 몰라써요 モルラッソヨ	모르세요 モルセヨ
091	좋아하다 [조아하다 チョアハダ]	하다用言 / パッチム無	좋아해요 조아해요 チョアヘヨ	좋아했어요 조아해써요 チョアヘッソヨ	좋아하세요 조아하세요 チョアハセヨ
092	싫어하다 [시러하다 シロハダ]	하다用言 / パッチム無	싫어해요 시러해요 シロヘヨ	싫어했어요 시러해써요 シロヘッソヨ	싫어하세요 시러하세요 シロハセヨ
093	계시다 [게시다 ケシダ]	陰語幹 / パッチム無	계세요 게세요 ケセヨ	계셨어요 게셔써요 ケショッソヨ	
094	살다 [サルダ]	ㄹ語幹 / 陽語幹 / パッチム有	살아요 사라요 サラヨ	살았어요 사라써요 サラッソヨ	사세요 サセヨ
095	가르치다 [カルチダ]	陰語幹 / パッチム無	가르쳐요 가르처요 カルチョヨ	가르쳤어요 가르처써요 カルチョッソヨ	가르치세요 カルチセヨ
096	잊다 [읻따 イッタ]	陰語幹 / パッチム有	잊어요 이저요 イジョヨ	잊었어요 이저써요 イジョッソヨ	잊으세요 이즈세요 イジュセヨ

入門レベルでよく使う基本的な活用形と、各単語の活用と語幹の種類を示しました。表の見方は P.008 を参照してください。

097	**읽다**		**읽어요**	**읽었어요**	**읽으세요**
☐ ☐	익따 イクタ	陰語幹 パッチム有	일거요 イルゴヨ	일거써요 イルゴッソヨ	일그세요 イルグセヨ

098	**쓰다1** 으語幹▶		**써요**	**썼어요**	**쓰세요**
☐ ☐	スダ	陰語幹 パッチム無	ソヨ	써써요 ソッソヨ	スセヨ

099	**만들다** ㄹ語幹▶		**만들어요**	**만들었어요**	**만드세요**
☐ ☐	マンドゥルダ	陰語幹 パッチム有	만드러요 マンドゥロヨ	만드러써요 マンドゥロッソヨ	マンドゥセヨ

100	**생각하다** 하다用言▶		**생각해요**	**생각했어요**	**생각하세요**
☐ ☐	생가카다 センガカダ	パッチム無	생가캐요 センガケヨ	생가캐써요 センガケッソヨ	생가카세요 センガカセヨ

101	**시작하다** 하다用言▶		**시작해요**	**시작했어요**	**시작하세요**
☐ ☐	시자카다 シジャカダ	パッチム無	시자캐요 シジャケヨ	시자캐써요 シジャケッソヨ	시자카세요 シジャカセヨ

102	**시작되다**		**시작돼요**	**시작됐어요**	**시작되세요**
☐ ☐	시작뙤다 シジャクトェダ	陰語幹 パッチム無	시작뙈요 シジャクトェヨ	시작뙈써요 シジャクトェッソヨ	시작뙤세요 シジャクトェセヨ

103	**끝나다**		**끝나요**	**끝났어요**	**끝나세요**
☐ ☐	끈나다 クンナダ	陽語幹 パッチム無	끈나요 クンナヨ	끈나써요 クンナッソヨ	끈나세요 クンナセヨ

104	**입다**		**입어요**	**입었어요**	**입으세요**
☐ ☐	입따 イプタ	陰語幹 パッチム有	이버요 イボヨ	이버써요 イボッソヨ	이브세요 イブセヨ

掲載番号	基本形	活用種類 語幹の種類 パッチムの有無	現在形	過去形	尊敬現在形

| 105 ☐ ☐ | **신다** 신따 シンタ | 陰語幹 パッチム有 | **신어요** 시너요 シノヨ | **신었어요** 시너써요 シノッソヨ | **신으세요** 시느세요 シヌセヨ |

| 106 ☐ ☐ | **쓰다**2 스다 スダ | 으語幹 ▶ 陰語幹 パッチム無 | **써요** ソヨ | **썼어요** 써써요 ソッソヨ | **쓰세요** スセヨ |

| 107 ☐ ☐ | **벗다** 벋따 ポッタ | 陰語幹 パッチム有 | **벗어요** 버서요 ポソヨ | **벗었어요** 버서써요 ポソッソヨ | **벗으세요** 버스세요 ポスセヨ |

| 108 ☐ ☐ | **앉다** 안따 アンタ | 陽語幹 パッチム有 | **앉아요** 안자요 アンジャヨ | **앉았어요** 안자써요 アンジャッソヨ | **앉으세요** 안즈세요 アンジュセヨ |

| 109 ☐ ☐ | **일어나다** 이러나다 イロナダ | 陽語幹 パッチム無 | **일어나요** 이러나요 イロナヨ | **일어났어요** 이러나써요 イロナッソヨ | **일어나세요** 이러나세요 イロナセヨ |

| 110 ☐ ☐ | **자다** チャダ | 陽語幹 パッチム無 | **자요** チャヨ | **잤어요** 자써요 チャッソヨ | **주무세요** チュムセヨ |

| 111 ☐ ☐ | **타다** タダ | 陽語幹 パッチム無 | **타요** タヨ | **탔어요** 타써요 タッソヨ | **타세요** タセヨ |

| 112 ☐ ☐ | **내리다** ネリダ | 陰語幹 パッチム無 | **내려요** ネリョヨ | **내렸어요** 내려써요 ネリョッソヨ | **내리세요** ネリセヨ |

□ 001 **일**[1]

□ 002 **이**[1]

□ 003 **삼**

□ 004 **사**

□ 005 **오**

□ 006 **육**

□ 007 **칠**

□ 008 **팔**[1]

□ 009 **구**

□ 010 **십**

□ 011 **백**

□ 012 **천**

□ 013 **만**

□ 014 **년**

□ 015 **~월**

□ 016 **일**[2]

□ 017 **네**

□ 018 **아뇨**

□ 019 **이**[2]

□ 020 **그**

□ 021 **저**[1]

□ 022 **것**

□ 023 **이것**

□ 024 **그것**

□ 025 **저것**

□ 026 **무엇**

□ 027 **어느**

□ 028 **어떤**

□ 029 **여기**

□ 030 **거기**

□ 031 **저기**

□ 032 **어디**

□ 033 **예요/이에요**

□ 034 **아니에요**

□ 035 **있어요**

□ 036 **없어요**

□ 037 **고마워요**

□ 038 **감사해요**

☐ 039 반가워요

☐ 040 미안해요

☐ 041 죄송해요

☐ 042 괜찮아요

☐ 043 아파요

☐ 044 좋아요

☐ 045 싫어요

☐ 046 나빠요

☐ 047 맛있어요

☐ 048 맛없어요

☐ 049 저²

☐ 050 제

☐ 051 저희

☐ 052 나

☐ 053 내

☐ 054 우리

☐ 055 아버지

☐ 056 어머니

☐ 057 형

☐ 058 오빠

☐ 059 누나

☐ 060 언니

☐ 061 동생

☐ 062 할아버지

☐ 063 할머니

☐ 064 가족

☐ 065 남편

☐ 066 아내

☐ 067 아이

☐ 068 아들

☐ 069 딸

☐ 070 아저씨

☐ 071 아주머니

☐ 072 사람

☐ 073 누구

☐ 074 이름

☐ 075 친구

☐ 076 남자

☐ 077 여자

☐ 078 손님

□ 079 **개**[1]

□ 080 **고양이**

□ 081 **해요**

□ 082 **배워요**

□ 083 **말해요**

□ 084 **잘해요**

□ 085 **가요**

□ 086 **와요**

□ 087 **먹어요**

□ 088 **마셔요**

□ 089 **알아요**

□ 090 **몰라요**

□ 091 **좋아해요**

□ 092 **싫어해요**

□ 093 **계세요**

□ 094 **살아요**

□ 095 **가르쳐요**

□ 096 **잊어요**

□ 097 **읽어요**

□ 098 **써요**[1]

□ 099 **만들어요**

□ 100 **생각해요**

□ 101 **시작해요**

□ 102 **시작돼요**

□ 103 **끝나요**

□ 104 **입어요**

□ 105 **신어요**

□ 106 **써요**[2]

□ 107 **벗어요**

□ 108 **앉아요**

□ 109 **일어나요**

□ 110 **자요**

□ 111 **타요**

□ 112 **내려요**

□ 001　1

□ 002　2

□ 003　3

□ 004　4

□ 005　5

□ 006　6

□ 007　7

□ 008　8

□ 009　9

□ 010　10

□ 011　100

□ 012　千

□ 013　万

□ 014　年

□ 015　〜月

□ 016　日

□ 017　はい

□ 018　いいえ

□ 019　この

□ 020　その

□ 021　あの

□ 022　もの

□ 023　これ

□ 024　それ

□ 025　あれ

□ 026　何

□ 027　どの

□ 028　どんな

□ 029　ここ

□ 030　そこ

□ 031　あそこ

□ 032　どこ

□ 033　〜です

□ 034　（〜では）ありません

□ 035　あります、います

□ 036　ありません、いません

□ 037　ありがたいです

□ 038　ありがたいです

□ 039 （会えて）うれしいです

□ 040 すみません

□ 041 申し訳ありません

□ 042 大丈夫です

□ 043 痛いです

□ 044 良いです

□ 045 嫌です

□ 046 悪いです

□ 047 おいしいです

□ 048 まずいです

□ 049 私（わたくし）

□ 050 私（わたくし）の

□ 051 私（わたくし）たち

□ 052 私

□ 053 私の

□ 054 私たち

□ 055 父

□ 056 母

□ 057 （弟から見た）兄

□ 058 （妹から見た）兄

□ 059 （弟から見た）姉

□ 060 （妹から見た）姉

□ 061 弟、妹

□ 062 おじいさん

□ 063 おばあさん

□ 064 家族

□ 065 夫

□ 066 妻

□ 067 子ども

□ 068 息子

□ 069 娘

□ 070 おじさん

□ 071 おばさん

□ 072 人

□ 073 誰

□ 074 名前

□ 075 友人

□ 076 男

□ 077 女

□ 078 お客さん

□ 079 犬

□ 080 猫

□ 081 します

□ 082 習います

□ 083 言います

□ 084 上手です

□ 085 行きます

□ 086 来ます

□ 087 食べます

□ 088 飲みます

□ 089 知っています

□ 090 知りません

□ 091 好きです

□ 092 嫌いです

□ 093 いらっしゃいます

□ 094 住みます

□ 095 教えます

□ 096 忘れます

□ 097 読みます

□ 098 書きます

□ 099 作ります

□ 100 考えます

□ 101 始めます

□ 102 始まります

□ 103 終わります

□ 104 着ます

□ 105 履きます

□ 106 かぶります

□ 107 脱ぎます

□ 108 座ります

□ 109 起きます

□ 110 寝ます

□ 111 乗ります

□ 112 降ります

1週目 文法項目まとめ

1週目で出てきた文法項目を確認しましょう。
右の列の数字は掲載番号です。
※ P.012 の「基本の文法項目」もご参照ください。

» 助詞

~라고/~이라고	~と	058
~처럼	~のように	069
~랑	~と	075

» 語尾・表現

~라고/~이라고 해요	~といいます	049
-아/-어/-여 주세요	~してください	071 / 095
-고 있어요	~しています (動作の進行)	097
-아/-어/-여 봐요	~してみてください	106

hana
の
韓国語単語
〈超入門編〉

2週目 空欄に学習の予定や履歴を記入しましょう！

基本の数字2 (固有数詞) ♩15

113 ☐ ☐	**하나(한)**※ [ハナ (ハン)]	一つ
114 ☐ ☐	**둘(두)**※ [トゥル (トゥ)]	二つ
115 ☐ ☐	**셋(세)**※ [섿 セッ (セ)]	三つ
116 ☐ ☐	**넷(네)**※ [넫 ネッ (ネ)]	四つ
117 ☐ ☐	**다섯** [다섣 タソッ]	五つ
118 ☐ ☐	**여섯** [여섣 ヨソッ]	六つ
119 ☐ ☐	**일곱** [イルゴプ]	七つ
120 ☐ ☐	**여덟** [여덜 ヨドル]	八つ

解説　114 ～이요は、聞き返しや軽い返答などに用いる助詞です。　117 **다섯 명**は、[**다선 명**]と発音されます (鼻音化)。　118 **여섯 명**は、[**여선 명**]と発音されます (鼻音化)。～이요は、聞き返しや軽い返答などに用いる助詞です。　119 **가 보았어요**は、**가다** (行く) に -**아 보았어요**が付いた形です。　120 **여덟 살**は、[**여덜 쌀**]と発音されます (合成語の ↗

※固有数詞の**하나**、**둘**、**셋**、**넷**は、助数詞の前に来るとき
　（　）内の形になります。

맥주 **하나** 주세요.

맥쭈
メクチュ　ハナ　チュセヨ

ビール一つ下さい。

補 갈비 **둘**이요.

카ルビ　두리요
トゥリヨ

カルビ二つです。

소주 **세** 병을 마셨어요.

ソジュ　セ ピョンウル　마셔써요
マショッソヨ

焼酎を3本 (焼酎3本を) 飲みました。

딸만 **넷**이에요.

タルマン　네시에요
ネシエヨ

娘だけ4人です。

発 친구 **다섯** 명이 왔어요.

チング　다선 명이
タソン ミョンイ　와써요
ワッソヨ

友達が5人 (友達5人が) 来ました。

発
補 남자 한 명 여자 **여섯** 명이요.

ナムジャ　ハン ミョン　ヨジャ　여선 명이요
ヨソン ミョンイヨ

男一人、女6人です。

文 한국에는 **일곱** 번 가 보았어요.

한구게는
ハングゲヌン　일곱 뻔
イルゴプ ボン　가 보아써요
カ ボアッソヨ

韓国には7回行ったことがあります。

発 아들은 **여덟** 살이에요.

아드른
アドゥルン　여덜 싸리에요
ヨドゥル サリエヨ

息子は8歳です。

濃音化）。

121 ☐ ☐	**아홉** [アホプ]	九つ
122 ☐ ☐	**열** [ヨル]	十
123 ☐ ☐	**스물(스무)**※ [スムル (スム)]	二十
124 ☐ ☐	**몇** [멷 ミョッ]	何〜、いくつの、いくつかの
125 ☐ ☐	**시** [シ]	〜時 (じ)　漢時
126 ☐ ☐	**반** [パン]	半分、半　漢半
127 ☐ ☐	**번** [ポン]	〜回、〜番、〜番目、〜度　漢番
128 ☐ ☐	**시간** [シガン]	時間、時、時刻　漢時間

解説　122 **열** 번째예요は、[열 뻔째에요]と発音されます (合成語の濃音化)。 124 **번호**は、[버노]と発音されます (ㅎ弱化)。 126 **〜이요**は、聞き返しや軽い返答などに用いる助詞です。

072

※固有数詞の**스물**は、助数詞の前に来るとき（　）内
の形になります。

저녁 **아홉** 시에는 자요.

夜9時には寝ます。

저녁	아홉 씨에는	자요
チョニョク	アホプ シエヌン	チャヨ

㊙ 이번이 **열** 번째예요.

今回が10回目です。

이버니	열 뻔째예요
イボニ	ヨル ポンチェエヨ

내년에 **스물**세 살이에요.

来年23歳です。

내녀네	스물세 사리에요
ネニョネ	スムルセ サリエヨ

㊙ 번호가 **몇** 번이에요?

番号は何番ですか？

버노가	멷 뻐니에요
ポノガ	ミョッ ポニエヨ

다섯 **시** 반에 만나요.

5時半に会いましょう。

다섣 씨 바네	만나요
タソッ シ パネ	マンナヨ

㊙ 후라이드 **반**, 양념 **반**이요.

フライド半分、味付け半分で
す。

후라이드	반	양념	바니요
フライドゥ	パン	ヤンニョム	パニヨ

한 **번**, 두 **번**, 세 **번**...

1回、2回、3回、……。

한 번	두 번	세 번
ハン ボン	トゥ ボン	セ ボン

세 **시간** 걸렸어요.

3時間かかりました。

세 시간	걸려써요
セ シガン	コルリョッソヨ

書いて覚えよう！

音声を聞きながら、口ずさみながら、
書いて単語を覚えましょう。

113 ☐ ☐	**하나** [ハナ]	하나
114 ☐ ☐	**둘** [トゥル]	둘
115 ☐ ☐	**셋** [셀 / セッ]	셋
116 ☐ ☐	**넷** [넬 / ネッ]	넷
117 ☐ ☐	**다섯** [다섣 / タソッ]	다섯
118 ☐ ☐	**여섯** [여섣 / ヨソッ]	여섯
119 ☐ ☐	**일곱** [イルゴプ]	일곱
120 ☐ ☐	**여덟** [여덜 / ヨドル]	여덟

121 ☐ ☐	**아홉** [アホプ]	아홉
122 ☐ ☐	**열** [ヨル]	열
123 ☐ ☐	**스물** [スム ル]	스물
124 ☐ ☐	**몇** [면 ミョッ]	몇
125 ☐ ☐	**시** [シ]	시
126 ☐ ☐	**반** [パン]	반
127 ☐ ☐	**번** [ポン]	번
128 ☐ ☐	**시간** [シガン]	시간

129	**개²** [ケ]	〜個　漢 個
130	**명** [ミョン]	〜人、〜名　漢 名
131	**나이** [ナイ]	年齢、年
132	**기분** [キブン]	気分、機嫌　漢 気分
133	**사랑** [サラン]	愛、恋
134	**선물** [ソンムル]	贈り物、プレゼント　漢 膳物
135	**편지** [ピョンジ]	手紙　漢 便紙
136	**무슨** [ムスン]	何の、何か (の)

解説　132 나빠요は、으語幹の나쁘다 (悪い) の現在形です。기분이 나쁘다は、体調のことではなく、「気分を害した」「むかつく」の意味になります。 135 쓸게요は、쓰다 (書く) に-ㄹ게요が付いた形で、[쓸께요]と発音されます (語尾の濃音化)。

| 몇 **개** 있어요? | 何個ありますか? |
| 멷 깨
ミョッケ　이써요
イッソヨ | |

| 한 **명**도 없어요. | 一人もいません。 |
| ハン ミョンド　업써요
オプソヨ | |

| **나이**가 좀 많아요. | ちょっと年を取っています
(年が多いです) 。 |
| ナイガ　チョム　마나요
マナヨ | |

| 変
補 | **기분**이 너무 나빠요. | 気分がとても悪いです。 |
| 기부니
キブニ　ノム　ナッパヨ | |

| **사랑**에 이유가 필요해요? | 愛に理由が必要ですか? |
| サランエ　イユガ　피료해요
ピリョヘヨ | |

| 생일 **선물**이에요. | 誕生日プレゼントです。 |
| センイル　선무리에요
ソンムリエヨ | |

| 文
発 | **편지** 쓸게요. | 手紙書きます。 |
| ピョンジ　쓸게요
スルケヨ | |

| 오늘은 **무슨** 날이에요? | 今日は何の日ですか? |
| 오느른
オヌルン　무슨 나리에요
ムスンナリエヨ | |

| 137 | **이야기** | 話、物語 |
| | [イヤギ] | 縮 얘기 |

| 138 | **말** | 言葉 |
| | [マル] | |

| 139 | **소리** | 音、声、話 |
| | [ソリ] | |

| 140 | **정말** | 本当、本当に　漢 正- |
| | [チョンマル] | |

| 141 | **일3** | 仕事、こと、用事、事件 |
| | [イル] | |

| 142 | **얼마** | いくら、いくらか |
| | [オルマ] | |

| 143 | **돈** | お金 |
| | [トン] | |

| 144 | **값** | 値段、価値 |
| | [갑 カプ] | |

解説　137 들었어요は、ㄷ変則の듣다 (聞く) に-었어요が付いた形です。　138 잘하고는、[자라고]と発音されます (ㅎ弱化)。잘하고 싶어요は、잘하다 (上手だ) に-고 싶어요が付いた形です。　141 남았어요は、直訳すると「残りました」ですが、ここでは「残っています」という意味です。過去形は「～しています」という意味にもなります。

変 그 **이야기**는 들었어요.　　その話は聞きました。

クイヤギヌン　드러써요 トゥロッソヨ

発文 **말**을 잘하고 싶어요.　　上手に話せるようになりたいです。

마를 マルル　자라고 시퍼요 チャラゴ シポヨ

그게 무슨 **소리**예요?　　それはどういうこと（話）ですか？

クゲ　무슨 소리에요 ムスン ソリエヨ

그게 **정말**이에요?　　それは本当ですか？

クゲ　정마리에요 チョンマリエヨ

補 **일**이 많이 남았어요.　　仕事がたくさん残っています（残りました）。

이리 イリ　마니 マニ　나마써요 ナマッソヨ

그거 **얼마**였어요?　　それ、いくらでしたか？

クゴ　얼마여써요 オルマヨッソヨ

지금 **돈**이 없어요.　　今お金がありません。

チグム　도니 トニ　업써요 オプソヨ

값이 많이 내렸어요.　　値段がとても下がりました。

갑씨 カプシ　마니 マニ　내려써요 ネリョッソヨ

書いて覚えよう！

129 ☐ ☐	**개²** [ケ]	개
130 ☐ ☐	**명** [ミョン]	명
131 ☐ ☐	**나이** [ナイ]	나이
132 ☐ ☐	**기분** [キブン]	기분
133 ☐ ☐	**사랑** [サラン]	사랑
134 ☐ ☐	**선물** [ソンムル]	선물
135 ☐ ☐	**편지** [ピョンジ]	편지
136 ☐ ☐	**무슨** [ムスン]	무슨

137	이야기	이야기
☐ ☐	[イヤギ]	

138	말	말
☐ ☐	[マル]	

139	소리	소리
☐ ☐	[ソリ]	

140	정말	정말
☐ ☐	[チョンマル]	

141	일³	일
☐ ☐	[イル]	

142	얼마	얼마
☐ ☐	[オルマ]	

143	돈	돈
☐ ☐	[トン]	

144	값	값
☐ ☐	[갑 カプ]	

145 □ □	**봄** [ポム]	春	

146 □ □	**여름** [ヨルム]	夏	

147 □ □	**가을** [カウル]	秋	

148 □ □	**겨울** [キョウル]	冬	

149 □ □	**월요일** [워료일 ウォリョイル]	月曜日	漢 月曜日

150 □ □	**화요일** [ファヨイル]	火曜日	漢 火曜日

151 □ □	**수요일** [スヨイル]	水曜日	漢 水曜日

152 □ □	**목요일** [모교일 モギョイル]	木曜日	漢 木曜日

解説　146 **먹고 싶어요**は、먹고 (食べる) に-**고 싶어요**が付いた形です。　147 **시작해요**は、[시자캐요]と発音されます (激音化)。　148 **추워요**は、ㅂ変則の**춥다** (寒い) の現在形です。　152 **안**は、用言の前に付いて否定の意味を表します。

봄에는 벚꽃이 피어요.

보메는　벋꼬치　피어요
ポメヌン　ポッコチ　ピオヨ

春には桜が咲きます。

文 **여름**에는 냉면이 먹고 싶어요.

여르메는　냉며니　먹꼬 시퍼요
ヨルメヌン　ネンミョニ　モッコ シポヨ

夏には冷麺が食べたいです。

発 **가을**에는 운동을 시작해요.

가으레는　운동을　시자캐요
カウレヌン　ウンドンウル　シジャケヨ

秋には運動を始めます。

変 서울의 **겨울**은 너무 추워요.

서우레　겨우른　　　너무
ソウレ　キョウルン　ノム　チュウォヨ

ソウルの冬はとても寒いです。

월요일에는 문을 닫아요.

워료이레는　무늘　다다요
ウォリョイレヌン　ムヌル　タダヨ

月曜日は営業しません（戸を閉めます）。

이번 **화요일** 괜찮으세요?

　　　　　　　　괜차느세요
イボン ファヨイル　クェンチャヌセヨ

今度の火曜日、大丈夫ですか？

수요일이 좋아요.

수요이리　조아요
スヨイリ　チョアヨ

水曜日がいいです。

文 **목요일**은 안 돼요.

모교이른　안 돼요
モギョイルン　アン ドェヨ

木曜日は駄目です。

---

153 □ □	**금요일** [그묘일 クミョイル]	金曜日　漢 金曜日
154 □ □	**토요일** [トヨイル]	土曜日　漢 土曜日
155 □ □	**일요일** [이료일 イリョイル]	日曜日　漢 日曜日
156 □ □	**언제** [オンジェ]	いつ、いつか
157 □ □	**지금** [チグム]	今、ただ今　漢 只今
158 □ □	**어제** [オジェ]	昨日
159 □ □	**오늘** [オヌル]	今日
160 □ □	**내일** [ネイル]	明日　漢 来日

解説　153 **볼까요?**は、**보다** (会う) に**-ㄹ까요?**が付いた形です。　155 **〜을/〜를 다니다**は、「〜に通う」という意味です。

文 금요일에 볼까요?

그묘이레　　ポルカヨ
クミョイレ

金曜日に会いましょうか？

토요일은 쉬세요?

토요이른　シュィセヨ
トヨイルン

土曜日はお休みですか（休んでいらっしゃいますか）？

補 일요일에는 교회를 다녀요.

이료이레는　キョフェルル　タニョヨ
イリョイレヌン

日曜日は教会に通っています。

언제 일본에 오셨어요?

オンジェ　일보네　오셔써요
　　　　イルボネ　オショッソヨ

いつ日本にいらっしゃいましたか？

지금 밖에 나왔어요.

チグム　바께　나와써요
　　　パッケ　ナワッソヨ

今外に出ました。

어제는 감사했어요.

オジェヌン　감사해써요
　　　　カムサヘッソヨ

昨日はありがとうございました。

오늘도 화이팅해요!

オヌルド　ファイティンヘヨ

今日もファイトです！

내일 다시 만나요.

ネイル　タシ　マンナヨ

明日また会いましょう。

| 145 | **봄** | 봄 |
| | □ □ [ポム] | |

145
□
□ **봄** 봄
[ポム]

146
□
□ **여름** 여름
[ヨルム]

147
□
□ **가을** 가을
[カウル]

148
□
□ **겨울** 겨울
[キョウル]

149
□
□ **월요일** 월요일
[워료일 ウォリョイル]

150
□
□ **화요일** 화요일
[ファヨイル]

151
□
□ **수요일** 수요일
[スヨイル]

152
□
□ **목요일** 목요일
[모교일 モギョイル]

153 ☐ ☐	**금요일** [그묘일 / 클묘일 クミョイル]	금요일
154 ☐ ☐	**토요일** [トヨイル]	토요일
155 ☐ ☐	**일요일** [이료일 イリョイル]	일요일
156 ☐ ☐	**언제** [オンジェ]	언제
157 ☐ ☐	**지금** [チグム]	지금
158 ☐ ☐	**어제** [オジェ]	어제
159 ☐ ☐	**오늘** [オヌル]	오늘
160 ☐ ☐	**내일** [ネイル]	내일

| 161 | 아침 | 朝、朝食 |
| | □ □ | [アチム] |

| 162 | 낮 | 昼 |
| | □ □ | [낟
ナッ] |

| 163 | 저녁 | 夕方、夕食 |
| | □ □ | [チョニョク] |

| 164 | 밤 | 夜 |
| | □ □ | [パム] |

| 165 | 오전 | 午前　漢 午前 |
| | □ □ | [オジョン] |

| 166 | 오후 | 午後　漢 午後 |
| | □ □ | [オフ] |

| 167 | 이번 | 今度、今回　漢 -番 |
| | □ □ | [イボン] |

| 168 | 다음 | 次、次の |
| | □ □ | [タウム] |

解説　161 좋은は、좋다 (良い) に-은が付いた形です。　163 드셨어요は、먹다 (食べる) の尊敬語드시다に-었어요?が付いた形です。먹으시다とは言わず、드시다と言います。　164 올 것 같아요は、오다 (降る) に-ㄹ 것 같다が付いた形で、[올 껃 까타요]と発音されます (ㄹ連体形の濃音化)。

文 좋은 **아침**이에요!

조은 아치미에요
チョウン アチミエヨ

おはようございます（いい朝です）！

낮에 카페에 갔어요.

나제 가써요
ナジェ カペエ カッソヨ

昼に、カフェに行きました。

補 **저녁** 드셨어요?

드셔써요
チョニョク トゥショッソヨ

夕飯食べましたか？

発文 **밤**에 비가 올 것 같아요.

바메 올 껃 까타요
パメ ピガ オル コッ カタヨ

夜に、雨が降りそうです。

오전에는 수업이 없어요.

오저네는 수어비 업써요
オジョネヌン スオビ オプソヨ

午前は授業がありません。

내일 **오후**에 봐요.

ネイル オフエ ポァヨ

明日の午後に会いましょう。

이번만 봐주세요.

イボンマン ポァジュセヨ

今回だけ、大目に見てください（見てください）。

다음에 또 만나요.

다으메
タウメ ト マンナヨ

次にまた会いましょう。

089

169	**올해**	今年
☐ ☐	[오래 / 오레]	

170	**내년**	来年　漢来年
☐ ☐	[ネニョン]	

171	**작년**	昨年、去年　漢昨年
☐ ☐	[장년 / チャンニョン]	

172	**주**	週　漢週
☐ ☐	[チュ]	

173	**달**	月
☐ ☐	[タル]	

174	**주말**	週末　漢週末
☐ ☐	[チュマル]	

175	**처음**	最初、初めて
☐ ☐	[チョウム]	

176	**생일**	誕生日　漢生日
☐ ☐	[センイル]	

解説　169 **올해**と**결혼했어요**は、それぞれ[오래]、[겨로내써요]と発音されます（ㅎ弱化）。　170 **졸업해요**は、[조러패요]と発音されます（激音化）。　171 **작년에도**は、[장녀네도]と発音されます（鼻音化）。　172 **이번 주**と**다음 주**は、それぞれ[이번 쭈]、[다음 쭈]と発音されます（合成語の濃音化）。　173 **다음 달에는**、[다음 따레]と発音されます（合成 ↗

発 **올해** 딸이 결혼했어요.

오래　따리　겨로내써요
オレ　タリ　キョロネッソヨ

今年、娘が結婚しました。

発 **내년** 삼월에 졸업해요.

사뭐레　조러패요
ネニョン　サムォレ　チョロペヨ

来年3月に卒業します。

発 **작년**에도 부산에 갔어요?

장녀네도　부사네　가써요
チャンニョネド　プサネ　カッソヨ

去年も釜山に行きましたか?

発 이번 **주**와 다음 **주**.

이번 쭈와　다음 쭈
イボン チュワ　タウム チュ

今週と来週。

発 다음 **달**에 제주도에 가요.

다음 따레
タウム タレ　チェジュドエ　カヨ

来月、済州島に行きます。

이번 **주말**에 뭐 해요?

이번 주마레
イボン チュマレ　ムォ ヘヨ

今週末、何しますか?

補 **처음** 뵙겠습니다.

뵙껟씀니다
チョウム　プェプケッスムニダ

初めまして (初めてお目に掛かります)。

생일이 언제예요?

생이리　언제에요
センイリ　オンジェエヨ

誕生日はいつですか?

語の濃音化)。　175 **뵙겠습니다**は**뵙다**に-**겠습니다**が付いた形で、丁寧な言葉使いです。本書では扱っていないハムニダ体 (P.190参照) を使っていますが、決まり文句のあいさつなので**처음 뵙겠습니다**の形でそのまま覚えてしまいましょう。

091

書いて覚えよう！

音声を聞きながら、口ずさみながら、
書いて単語を覚えましょう。

---

161 **아침** 아침
[アチム]

---

162 **낮** 낮
[낟
ナッ]

---

163 **저녁** 저녁
[チョニョク]

---

164 **밤** 밤
[パム]

---

165 **오전** 오전
[オジョン]

---

166 **오후** 오후
[オフ]

---

167 **이번** 이번
[イボン]

---

168 **다음** 다음
[タウム]

| 169 | **올해** | 올해 |
| | ☐ ☐ | [오래 / 오레] |

| 170 | **내년** | 내년 |
| | ☐ ☐ | [네니욘] |

| 171 | **작년** | 작년 |
| | ☐ ☐ | [장년 / チャンニョン] |

| 172 | **주** | 주 |
| | ☐ ☐ | [チュ] |

| 173 | **달** | 달 |
| | ☐ ☐ | [タル] |

| 174 | **주말** | 주말 |
| | ☐ ☐ | [チュマル] |

| 175 | **처음** | 처음 |
| | ☐ ☐ | [チョウム] |

| 176 | **생일** | 생일 |
| | ☐ ☐ | [センイル] |

177	**식사**	食事　漢 食事
□ □	[식싸 / シクサ]	

178	**요리**	料理　漢 料理
□ □	[ヨリ]	

179	**맛**	味
□ □	[맏 / マッ]	

180	**밥**	ご飯、飯
□ □	[パプ]	

181	**국**	スープ、汁
□ □	[クク]	

182	**고기**	肉、魚
□ □	[コギ]	

183	**생선**	魚、鮮魚　漢 生鮮
□ □	[センソン]	

184	**과일**	果物
□ □	[クァイル]	

解説　177 **식사하고 오세요**は、**식사하다**に**-고 오세요**が付いた形です。　178 **잘하세요**は、[**자라세요**]と発音されます (ㅎ弱化)。この**-세요**は、「～してください」ではなく「～されます、～なさいます」という意味です。　179 **어때요**は、ㅎ変則の**어떻다** (どうである) の現在形です。　182 **전**は、**저는** (私は) が縮まった形 (縮約形) で、会話でよく使われます。**안** ↗

文 **식사**하고 오세요.

식싸하고
シクサハゴ　　オセヨ

食事していらしてください。

発 **요리**를 정말 잘하세요.

ヨリルル　チョンマル　자라세요
チャラセヨ

料理が本当にお上手です。

変 **맛**이 어때요?

마시
マシ　オッテヨ

味はどうですか？

밥 더 주세요.

パプ　ト　チュセヨ

ご飯もっと下さい。

국은 필요하세요?

구근　피료하세요
クグン　ピリョハセヨ

スープは必要ですか？

補
文 전 **고기**를 안 먹어요.

チョン　コギルル　안 머거요
アンモギョ

私は肉を食べません。

생선을 좋아하세요?

생서늘　조아하세요
センソヌル　チョアハセヨ

魚はお好きですか？

과일이 달아요.

과이리　다라요
クァイリ　タラヨ

果物が甘いです。

は、用言の前に付いて否定の意味を表します。

185	물	水
	[ムル]	

186	술	酒
	[スル]	

187	우유	牛乳　漢牛乳
	[ウユ]	

188	설탕	砂糖　漢雪糖
	[ソルタン]	

189	소금	塩
	[ソグム]	

190	소	牛
	[ソ]	

191	돼지	豚
	[トェジ]	

192	닭	ニワトリ
	[닥 / タク]	

解説　187 마시면は、마시다 (飲む) に-면が付いた形です。아파요は、으語幹の아프다 (痛い) の現在形です。　189 하지 마세요は、하다 (する) に-지 마세요が付いた形です。소금을 하다は、「塩で味付けをする」という意味です。　190 잘해요は、[자래요]と発音されます (ㅎ弱化)。잘하다には「(料理が) おいしい、上手だ」という意味もあります。

여기요, **물** 좀 주세요.
ヨギヨ　ムルジョム　チュセヨ
すみません、お水下さい。

전 **술**을 마시지 않아요.
チョン　수를 スルル　마시지 아나요 マシジ アナヨ
私は酒を飲みません。

文 変 **우유**를 마시면 배가 아파요.
ウユルル　マシミョン　ペガ　アパヨ
牛乳を飲むとおなかが痛くなります。

설탕 조금만 주시겠어요?
ソルタン　チョグムマン　주시게써요 チュシゲッソヨ
砂糖を少しだけいただけますか？

文 補 **소금**은 하지 마세요.
소그믄 ソグムン　ハジ マセヨ
塩は入れ（振ら）ないでください。

発 補 저 가게는 **소**갈비를 잘해요.
チョ カゲヌン　ソガルビルル　자래요 チャレヨ
あの店は、牛カルビがおいしいです。

文 **돼지**고기가 먹고 싶어요.
トェジゴギガ　먹꼬 시퍼요 モクコ シポヨ
豚肉が食べたいです。

닭고기를 싫어해요.
닥꼬기를 タクコギルル　시러해요 シロヘヨ
鶏肉が嫌いです。

191 **먹고 싶어요**は、**먹다**(食べる) に-**고 싶어요**が付いた形です。

書いて覚えよう！

音声を聞きながら、口ずさみながら、
書いて単語を覚えましょう。

177 ☐ ☐	**식사** [식싸 / シクサ]	식사
178 ☐ ☐	**요리** [ヨリ]	요리
179 ☐ ☐	**맛** [맏 / マッ]	맛
180 ☐ ☐	**밥** [パプ]	밥
181 ☐ ☐	**국** [クク]	국
182 ☐ ☐	**고기** [コギ]	고기
183 ☐ ☐	**생선** [センソン]	생선
184 ☐ ☐	**과일** [クァイル]	과일

| 185 | 물 | 물 |
| | □ □ [ムル] | |

| 186 | 술 | 술 |
| | □ □ [スル] | |

| 187 | 우유 | 우유 |
| | □ □ [ウユ] | |

| 188 | 설탕 | 설탕 |
| | □ □ [ソルタン] | |

| 189 | 소금 | 소금 |
| | □ □ [ソグム] | |

| 190 | 소 | 소 |
| | □ □ [ソ] | |

| 191 | 돼지 | 돼지 |
| | □ □ [トェジ] | |

| 192 | 닭 | 닭 |
| | □ □ [닥] [タク] | |

193 ☐ ☐	**고파요** [コパヨ]	空腹です、ひもじいです 基 **고프다** [コプダ]
194 ☐ ☐	**비싸요** [ピッサヨ]	(値段が) 高いです 基 **비싸다** [ピッサダ]
195 ☐ ☐	**싸요** [サヨ]	安いです 基 **싸다** [サダ]
196 ☐ ☐	**많아요** [마나요 マナヨ]	多いです 基 **많다** [만타 マンタ]
197 ☐ ☐	**커요** [コヨ]	大きいです 基 **크다** [クダ]
198 ☐ ☐	**작아요** [자가요 チャガヨ]	小さいです 基 **작다** [작따 チャクタ]
199 ☐ ☐	**높아요** [노파요 ノパヨ]	高いです 基 **높다** [놉따 ノプタ]
200 ☐ ☐	**낮아요** [나자요 ナジャヨ]	低いです 基 **낮다** [낟따 ナッタ]

解説　195 **맛있고**は、**맛있다** (おいしい) に-**고**が付いた形です。　196 **그렇게**は、[그러케]と発音されます (激音化) 。

배가 너무 **고파요**.

ペガ　ノム　コパヨ

とてもおなかがすきました。

일본보다 많이 **비싸요**.

イルボンボダ　마니 マニ　ピッサヨ

日本よりすごく高いです。

図 이 가게는 맛있고 **싸요**.

イ カゲヌン　마싣꼬 マシッコ　サヨ

この店はおいしくて安いです。

発 그렇게 돈이 **많아요**?

그러케 クロケ　도니 トニ　마나요 マナヨ

そんなにお金がある (多い) んですか?

変 목소리가 너무 **커요**.

목쏘리가 モクソリガ　ノム　コヨ

声がとても大きいです。

옷이 저한테는 **작아요**.

오시 オシ　チョハンテヌン　자가요 チャガヨ

服が私には小さいです。

하늘이 **높아요**.

하느리 ハヌリ　노파요 ノパヨ

空が高いです。

백두산이 후지산보다 **낮아요**.

백뚜사니 ペクトゥサニ　フジサンボダ　나자요 ナジャヨ

白頭山は富士山より低いです。

101

201 ☐☐	**길어요** [기러요 キロヨ]	長いです 墨 **길다** [キルダ]
202 ☐☐	**짧아요** [짤바요 チャルバヨ]	短いです、足りません、浅いです 墨 **짧다** [짤따 チャルタ]
203 ☐☐	**어려워요** [オリョウォヨ]	難しいです 墨 **어렵다** [어렵따 オリョプタ]
204 ☐☐	**쉬워요** [シュィウォヨ]	易しいです 墨 **쉽다** [쉽따 シュィプタ]
205 ☐☐	**멀어요** [머러요 モロヨ]	遠いです 墨 **멀다** [モルダ]
206 ☐☐	**가까워요**※ [カッカウォヨ]	近いです、親しいです 墨 **가깝다** [가깝따 カッカプタ]
207 ☐☐	**더워요** [トウォヨ]	暑いです 墨 **덥다** [덥따 トプタ]
208 ☐☐	**추워요** [チュウォヨ]	寒いです 墨 **춥다** [춥따 チュプタ]

解説　202 **짧고**は、**짧다** (短い) に-**고**が付いた形で、[짤꼬]と発音されます (語尾の濃音化)。
207 **올해**は、[오래]と発音されます (ㅎ弱化)。 208 **안**は、用言の前に付いて否定の意
味を表します。

※**가깝다**は 2022 年の『合格トウミ』改訂により4級語彙となりましたが、基本単語として収録しました。

수업 시간이 너무 **길어요**.

수업 씨가니　ノム　기러요
スオプシガニ　　　キロヨ

授業時間がとても長いです。

文
発 다리도 **짧고** 팔도 **짧아요**.

타리도　짤꼬　팔도　짤바요
タリド　チャルコ　パルド　チャルバヨ

足も短くて、腕も短いです。

한국어는 발음이 **어려워요**.

한구거는　바르미　어려워요
ハングゴヌン　パルミ　オリョウォヨ

韓国語は発音が難しいです。

이 문제는 **쉬워요**.

이 문제는　쉬워요
イ ムンジェヌン　シュィウォヨ

この問題は易しいです。

회사와 집이 **멀어요**.

회사와　지비　머러요
フェサワ　チビ　モロヨ

会社と家が遠いです。

여기서 역이 **가까워요**?

여기서　여기　가까워요
ヨギソ　ヨギ　カッカウォヨ

ここから駅が近いですか?

発 올해 여름은 아주 **더웠어요**.

오래　여르믄　아주　더워써요
オレ　ヨルムン　アジュ　トゥォッソヨ

今年の夏はとても暑かったです。

文 안 **추워요**?

안 추워요
アンチュウォヨ

寒くないですか?

193 □ □	**고파요** [コパヨ]	고파요
194 □ □	**비싸요** [ピッサヨ]	비싸요
195 □ □	**싸요** [サヨ]	싸요
196 □ □	**많아요** [마나요 / マナヨ]	많아요
197 □ □	**커요** [コヨ]	커요
198 □ □	**작아요** [자가요 / チャガヨ]	작아요
199 □ □	**높아요** [노파요 / ノパヨ]	높아요
200 □ □	**낮아요** [나자요 / ナジャヨ]	낮아요

201 ☐ ☐	**길어요** [기러요 キロヨ]	길어요
202 ☐ ☐	**짧아요** [짤바요 チャルバヨ]	짧아요
203 ☐ ☐	**어려워요** [オリョウォヨ]	어려워요
204 ☐ ☐	**쉬워요** [シュィウォヨ]	쉬워요
205 ☐ ☐	**멀어요** [머러요 モロヨ]	멀어요
206 ☐ ☐	**가까워요** [カッカウォヨ]	가까워요
207 ☐ ☐	**더워요** [トウォヨ]	더워요
208 ☐ ☐	**추워요** [チュウォヨ]	추워요

209 □ □	**다녀요** [タニョヨ]	通います 基 **다니다** [タニダ]
210 □ □	**기다려요** [キダリョヨ]	待ちます 基 **기다리다** [キダリダ]
211 □ □	**만나요** [マンナヨ]	会います 基 **만나다** [マンナダ]
212 □ □	**봐요** [ポァヨ]	見ます 基 **보다** [ポダ]
213 □ □	**부탁해요** [부타캐요 プタケヨ]	お願いします、依頼します 漢 付託-- 基 **부탁하다** [부타카다 プタカダ]
214 □ □	**놀아요** [노라요 ノラヨ]	遊びます、(勤めなどを) 休みます 基 **놀다** [ノルダ]
215 □ □	**찾아요** [차자요 チャジャヨ]	探します、見つけます、(お金を) 下ろします 基 **찾다** [찬따 チャッタ]
216 □ □	**사요** [サヨ]	買います 基 **사다** [サダ]

解説　209 ~을/~를 다니다는、「~に通う」という意味です。 210 **기다려 주세요**は、**기다리다**に-어 주세요が付いた形です。 211 **강남역**は、[**강남녁**]と発音されます (ㄴ挿入)。 213 **부탁했어요**は、[**부타캐써요**]と発音されます (激音化)。 215 **찾고 있어요**は、**찾다**に-고 있어요が付いた形です。 216 「 (金額) で」を表すときは助詞~에を使います。

補 한국어 교실을 **다녀요.**

한구거 교시를
ハングゴ キョシルル タニョヨ

韓国語教室に通っています。

文 조금만 **기다려** 주세요.

チョグムマン キダリョ ジュセヨ

少しだけお待ちください。

発 강남역 십일 번 출구에서 **만나요.**

강남녁 시빌 번
カンナムニョク シビル ボン チュルグエソ マンナヨ

江南駅11番出口で会います。

그 영화 **봤어요?**

봐써요
ク ヨンファ ポアッソヨ

その映画見ましたか?

発 사장님에게 **부탁했어요.**

사장니메게 부타캐써요
サジャンニメゲ プタケッソヨ

社長に頼みました。

방학에는 매일 **놀았어요.**

방하게는 노라써요
パンハゲヌン メイル ノラッソヨ

学期休みには毎日遊びました。

文 이 사람을 **찾고** 있어요.

이 사라믈 찯꼬 이써요
イ サラムル チャッコ イッソヨ

この人を探しています。

補 이 옷을 삼만 원에 **샀어요.**

이 오슬 삼마 눠네 사써요
イ オスル サムマ ヌォネ サッソヨ

この服を3万ウォンで買いました。

217 ☐ ☐	**팔아요** [파라요 / 파라요 / パラヨ]	売ります 基 **팔다** [パルダ]

218 ☐ ☐	**줘요** [チュォヨ]	あげます、くれます、与えます 基 **주다** [チュダ]

219 ☐ ☐	**보내요** [ポネヨ]	送ります、届けます、過ごします 基 **보내다** [ポネダ]

220 ☐ ☐	**받아요** [바다요 / パダヨ]	もらいます、受け取ります、受けます 基 **받다** [받따 パッタ]

221 ☐ ☐	**가져요** [가저요 / カジョヨ]	持ちます 基 **가지다** [カジダ]

222 ☐ ☐	**써요**³ [ソヨ]	使います 基 **쓰다** [スダ]

223 ☐ ☐	**놓아요** [노아요 / ノアヨ]	置きます、(手を) 放します 基 **놓다** [노타 ノタ]

224 ☐ ☐	**세워요** [セウォヨ]	立てます、建てます、(車を) 止めます 基 **세우다** [セウダ]

解説　219 문자は、[문짜]と発音されます (漢字語の濃音化)。문자は、本来 [文字] の意味ですが、携帯電話のショートメールや各種SNSのメッセージのことも指します。 221 가져도 돼요?は、가지다に-어도 돼요?が付いた形です。 222 썼어요は、으語幹の쓰다に-었어요が付いた形です。 223 놓고は、[노코]と発音されます (激音化)。놓고 왔어요は、↗

이 치마는 여기서만 **팔아요**.

| イ チマヌン | ヨギソマン | 파라요
パラヨ |

このスカートはここだけで売っています。

꽃에 물을 **줬어요**.

꼬체　무를　줘써요
コチェ　ムルル　チュオッソヨ

花に水をあげました。

發補 조금 전에 문자를 **보냈어요**.

조금 저네　문짜를　보내써요
チョグム ジョネ　ムンチャルル　ポネッソヨ

少し前にメッセージを送りました。

오빠한테 선물을 **받았어요**.

| オッパハンテ | 선무를
ソンムルル | 바다써요
パダッソヨ |

兄にプレゼントをもらいました。

文 이거 제가 **가져도** 돼요?

| イゴ | チェガ | 가져도 돼요
カジョド ドェヨ |

これ、私がもらっても（持っても）いいですか？

変 돈을 너무 많이 **썼어요**.

도늘　　마니　써써요
トヌル　ノム　マニ　ソッソヨ

お金をたくさん使いました。

發文 휴대폰을 집에 **놓고 왔어요**.

휴대포늘　지베　노코 와써요
ヒュデポヌル　チベ　ノコ ワッソヨ

携帯電話を家に置いてきました。

여행 계획을 **세웠어요**.

| ヨヘン | 게회글
ケフェグル | 세워써요
セウォッソヨ |

旅行の計画を立てました。

놓다に**-고 왔어요**が付いた形です。

109

書いて覚えよう！

音声を聞きながら、口ずさみながら、
書いて単語を覚えましょう。

---

209 **다녀요** 다녀요
☐
☐ [タニョヨ]

---

210 **기다려요** 기다려요
☐
☐ [キダリョヨ]

---

211 **만나요** 만나요
☐
☐ [マンナヨ]

---

212 **봐요** 봐요
☐
☐ [ポァヨ]

---

213 **부탁해요** 부탁해요
☐
☐ [부타캐요
プタケヨ]

---

214 **놀아요** 놀아요
☐
☐ [노라요
ノラヨ]

---

215 **찾아요** 찾아요
☐
☐ [차자요
チャジャヨ]

---

216 **사요** 사요
☐
☐ [サヨ]

---

217 □ □	**팔아요** [파라요 / パラヨ]	팔아요
218 □ □	**줘요** [チュォヨ]	줘요
219 □ □	**보내요** [ポネヨ]	보내요
220 □ □	**받아요** [바다요 / パダヨ]	받아요
221 □ □	**가져요** [가저요 / カジョヨ]	가져요
222 □ □	**써요**[3] [ソヨ]	써요
223 □ □	**놓아요** [노아요 / ノアヨ]	놓아요
224 □ □	**세워요** [セウォヨ]	세워요

入門レベルでよく使う基本的な活用形と、
各単語の活用と語幹の種類を示しました。
表の見方は P.008 を参照してください。

---

193 □ □
고프다 [え語幹▶] [陽語幹] [パッチム無]
[コプダ]
고파요 [コパヨ]
고팠어요 [고파써요 / コパッソヨ]
고프세요 [コプセヨ]

---

194 □ □
비싸다 [陽語幹] [パッチム無]
[ピッサダ]
비싸요 [ピッサヨ]
비쌌어요 [비싸써요 / ピッサッソヨ]

---

195 □ □
싸다 [陽語幹] [パッチム無]
[サダ]
싸요 [サヨ]
쌌어요 [싸써요 / サッソヨ]

---

196 □ □
많다 [陽語幹] [パッチム有]
[만타 / マンタ]
많아요 [마나요 / マナヨ]
많았어요 [마나써요 / マナッソヨ]
많으세요 [마느세요 / マヌセヨ]

---

197 □ □
크다 [え語幹▶] [陰語幹] [パッチム無]
[クダ]
커요 [コヨ]
컸어요 [커써요 / コッソヨ]
크세요 [クセヨ]

---

198 □ □
작다 [陽語幹] [パッチム有]
[작따 / チャクタ]
작아요 [자가요 / チャガヨ]
작았어요 [자가써요 / チャガッソヨ]
작으세요 [자그세요 / チャグセヨ]

---

199 □ □
높다 [陽語幹] [パッチム有]
[놉따 / ノプタ]
높아요 [노파요 / ノパヨ]
높았어요 [노파써요 / ノパッソヨ]
높으세요 [노프세요 / ノプセヨ]

---

200 □ □
낮다 [陽語幹] [パッチム有]
[낟따 / ナッタ]
낮아요 [나자요 / ナジャヨ]
낮았어요 [나자써요 / ナジャッソヨ]
낮으세요 [나즈세요 / ナジュセヨ]

掲載番号	基本形	活用種類 語幹の種類 パッチムの有無	現在形	過去形	尊敬現在形
201 ☐ ☐	길다 [キルダ]	**ㄹ語幹** 陰語幹 パッチム有	길어요 [기러요 キロヨ]	길었어요 [기러써요 キロッソヨ]	기세요 [キセヨ]
202 ☐ ☐	짧다 [짤따 チャルタ]	陽語幹 パッチム有	짧아요 [짤바요 チャルバヨ]	짧았어요 [짤바써요 チャルバッソヨ]	짧으세요 [짤브세요 チャルブセヨ]
203 ☐ ☐	어렵다 [어렵따 オリョプタ]	**ㅂ変則** パッチム有	어려워요 [オリョウォヨ]	어려웠어요 [어려워써요 オリョウォッソヨ]	어려우세요 [オリョウセヨ]
204 ☐ ☐	쉽다 [쉽따 シュイプタ]	**ㅂ変則** パッチム有	쉬워요 [シュィウォヨ]	쉬웠어요 [쉬워써요 シュィウォッソヨ]	쉬우세요 [シュィウセヨ]
205 ☐ ☐	멀다 [モルダ]	**ㄹ語幹** 陰語幹 パッチム有	멀어요 [머러요 モロヨ]	멀었어요 [머러써요 モロッソヨ]	머세요 [モセヨ]
206 ☐ ☐	가깝다 [가깝따 カッカプタ]	**ㅂ変則** パッチム有	가까워요 [カッカウォヨ]	가까웠어요 [가까워써요 カッカウォッソヨ]	가까우세요 [カッカウセヨ]
207 ☐ ☐	덥다 [덥따 トプタ]	**ㅂ変則** パッチム有	더워요 [トウォヨ]	더웠어요 [더워써요 トウォッソヨ]	더우세요 [トウセヨ]
208 ☐ ☐	춥다 [춥따 チュプタ]	**ㅂ変則** パッチム有	추워요 [チュウォヨ]	추웠어요 [추워써요 チュウォッソヨ]	추우세요 [チュウセヨ]

113

入門レベルでよく使う基本的な活用形と、各単語の活用と語幹の種類を示しました。表の見方は P.008 を参照してください。

| 209 □ □ | **다니다** 陰語幹 パッチム無 [タニダ] | **다녀요** [タニョヨ] | **다녔어요** [다녀써요 タニョッソヨ] | **다니세요** [タニセヨ] |

| 210 □ □ | **기다리다** 陰語幹 パッチム無 [キダリダ] | **기다려요** [キダリョヨ] | **기다렸어요** [기다려써요 キダリョッソヨ] | **기다리세요** [キダリセヨ] |

| 211 □ □ | **만나다** 陽語幹 パッチム無 [マンナダ] | **만나요** [マンナヨ] | **만났어요** [만나써요 マンナッソヨ] | **만나세요** [マンナセヨ] |

| 212 □ □ | **보다** 陽語幹 パッチム無 [ポダ] | **봐요** [ポァヨ] | **봤어요** [봐써요 ポァッソヨ] | **보세요** [ポセヨ] |

| 213 □ □ | **부탁하다** 하다用言 パッチム無 [부타카다 プタカダ] | **부탁해요** [부타캐요 プタケヨ] | **부탁했어요** [부타캐써요 プタケッソヨ] | **부탁하세요** [부타카세요 プタカセヨ] |

| 214 □ □ | **놀다** ㄹ語幹 陽語幹 パッチム有 [ノルダ] | **놀아요** [노라요 ノラヨ] | **놀았어요** [노라써요 ノラッソヨ] | **노세요** [ノセヨ] |

| 215 □ □ | **찾다** 陽語幹 パッチム有 [찯따 チャッタ] | **찾아요** [차자요 チャジャヨ] | **찾았어요** [차자써요 チャジャッソヨ] | **찾으세요** [차즈세요 チャジュセヨ] |

| 216 □ □ | **사다** 陽語幹 パッチム無 [サダ] | **사요** [サヨ] | **샀어요** [사써요 サッソヨ] | **사세요** [サセヨ] |

掲載番号	基本形	活用種類 語幹の種類 パッチムの有無	現在形	過去形	尊敬現在形

217 ☐ ☐ **팔다** [パルダ] ㄹ語幹 / 陽語幹 / パッチム有 — **팔아요** [파라요 パラヨ] / **팔았어요** [파라써요 パラッソヨ] / **파세요** [パセヨ]

218 ☐ ☐ **주다** [チュダ] 陰語幹 / パッチム無 — **줘요** [チュオヨ] / **줬어요** [줘써요 チュオッソヨ] / **주세요** [チュセヨ]

219 ☐ ☐ **보내다** [ポネダ] 陰語幹 / パッチム無 — **보내요** [ポネヨ] / **보냈어요** [보내써요 ポネッソヨ] / **보내세요** [ポネセヨ]

220 ☐ ☐ **받다** [받따 パッタ] 陽語幹 / パッチム有 — **받아요** [바다요 パダヨ] / **받았어요** [바다써요 パダッソヨ] / **받으세요** [바드세요 パドゥセヨ]

221 ☐ ☐ **가지다** [カジダ] 陰語幹 / パッチム無 — **가져요** [가저요 カジョヨ] / **가졌어요** [가저써요 カジョッソヨ] / **가지세요** [カジセヨ]

222 ☐ ☐ **쓰다³** [スダ] 으語幹 / 陰語幹 / パッチム無 — **써요** [ソヨ] / **썼어요** [써써요 ソッソヨ] / **쓰세요** [スセヨ]

223 ☐ ☐ **놓다** [노타 ノタ] 陽語幹 / パッチム有 — **놓아요** [노아요 ノアヨ] / **놓았어요** [노아써요 ノアッソヨ] / **놓으세요** [노으세요 ノウセヨ]

224 ☐ ☐ **세우다** [セウダ] 陰語幹 / パッチム無 — **세워요** [セウォヨ] / **세웠어요** [세워써요 セウォッソヨ] / **세우세요** [セウセヨ]

115

☐ 113 **하나**

☐ 114 **둘**

☐ 115 **셋**

☐ 116 **넷**

☐ 117 **다섯**

☐ 118 **여섯**

☐ 119 **일곱**

☐ 120 **여덟**

☐ 121 **아홉**

☐ 122 **열**

☐ 123 **스물**

☐ 124 **몇**

☐ 125 **시**

☐ 126 **반**

☐ 127 **번**

☐ 128 **시간**

☐ 129 **개²**

☐ 130 **명**

☐ 131 **나이**

☐ 132 **기분**

☐ 133 **사랑**

☐ 134 **선물**

☐ 135 **편지**

☐ 136 **무슨**

☐ 137 **이야기**

☐ 138 **말**

☐ 139 **소리**

☐ 140 **정말**

☐ 141 **일³**

☐ 142 **얼마**

☐ 143 **돈**

☐ 144 **값**

☐ 145 **봄**

☐ 146 **여름**

☐ 147 **가을**

☐ 148 **겨울**

☐ 149 **월요일**

☐ 150 **화요일**

□ 151 **수요일**

□ 152 **목요일**

□ 153 **금요일**

□ 154 **토요일**

□ 155 **일요일**

□ 156 **언제**

□ 157 **지금**

□ 158 **어제**

□ 159 **오늘**

□ 160 **내일**

□ 161 **아침**

□ 162 **낮**

□ 163 **저녁**

□ 164 **밤**

□ 165 **오전**

□ 166 **오후**

□ 167 **이번**

□ 168 **다음**

□ 169 **올해**

□ 170 **내년**

□ 171 **작년**

□ 172 **주**

□ 173 **달**

□ 174 **주말**

□ 175 **처음**

□ 176 **생일**

□ 177 **식사**

□ 178 **요리**

□ 179 **맛**

□ 180 **밥**

□ 181 **국**

□ 182 **고기**

□ 183 **생선**

□ 184 **과일**

□ 185 **물**

□ 186 **술**

□ 187 **우유**

□ 188 **설탕**

□ 189 **소금**

□ 190 **소**

□ 191 **돼지**

□ 192 **닭**

□ 193 **고파요**

□ 194 **비싸요**

□ 195 **싸요**

□ 196 **많아요**

□ 197 **커요**

□ 198 **작아요**

□ 199 **높아요**

□ 200 **낮아요**

□ 201 **길어요**

□ 202 **짧아요**

□ 203 **어려워요**

□ 204 **쉬워요**

□ 205 **멀어요**

□ 206 **가까워요**

□ 207 **더워요**

□ 208 **추워요**

□ 209 **다녀요**

□ 210 **기다려요**

□ 211 **만나요**

□ 212 **봐요**

□ 213 **부탁해요**

□ 214 **놀아요**

□ 215 **찾아요**

□ 216 **사요**

□ 217 **팔아요**

□ 218 **줘요**

□ 219 **보내요**

□ 220 **받아요**

□ 221 **가져요**

□ 222 **써요**[3]

□ 223 **놓아요**

□ 224 **세워요**

□ 113　一つ

□ 114　二つ

□ 115　三つ

□ 116　四つ

□ 117　五つ

□ 118　六つ

□ 119　七つ

□ 120　八つ

□ 121　九つ

□ 122　十

□ 123　二十

□ 124　何〜

□ 125　〜時 (じ)

□ 126　半分

□ 127　〜回

□ 128　時間

□ 129　〜個

□ 130　〜人

□ 131　年齢

□ 132　気分

□ 133　愛

□ 134　贈り物

□ 135　手紙

□ 136　何の

□ 137　話

□ 138　言葉

□ 139　音

□ 140　本当

□ 141　仕事

□ 142　いくら

□ 143　お金

□ 144　値段

□ 145　春

□ 146　夏

□ 147　秋

□ 148　冬

□ 149　月曜日

□ 150　火曜日

□ 151　水曜日

□ 152　木曜日

□ 153　金曜日

□ 154　土曜日

□ 155　日曜日

□ 156　いつ

□ 157　今

□ 158　昨日

□ 159　今日

□ 160　明日

□ 161　朝

□ 162　昼

□ 163　夕方

□ 164　夜

□ 165　午前

□ 166　午後

□ 167　今度

□ 168　次

□ 169　今年

□ 170　来年

□ 171　昨年

□ 172　週

□ 173　月

□ 174　週末

□ 175　最初

□ 176　誕生日

□ 177　食事

□ 178　料理

□ 179　味

□ 180　ご飯

□ 181　スープ

□ 182　肉

□ 183　魚

□ 184　果物

□ 185　水

□ 186　酒

□ 187　牛乳

□ 188　砂糖

□189 塩

□190 牛

□191 豚

□192 ニワトリ

□193 空腹です

□194 (値段が) 高いです

□195 安いです

□196 多いです

□197 大きいです

□198 小さいです

□199 高いです

□200 低いです

□201 長いです

□202 短いです

□203 難しいです

□204 易しいです

□205 遠いです

□206 近いです

□207 暑いです

□208 寒いです

□209 通います

□210 待ちます

□211 会います

□212 見ます

□213 お願いします

□214 遊びます

□215 探します

□216 買います

□217 売ります

□218 あげます

□219 送ります

□220 もらいます

□221 持ちます

□222 使います

□223 置きます

□224 立てます

2週目 文法項目まとめ

» 語尾・表現

-아/-어/-여 보았어요	～してみました	119
-ㄹ게요/-을게요	～します（意思・約束）	135
-고 싶어요	～したいです	138 / 146 / 191
안 ～	～しない・ではない	152 / 182 / 208
-ㄹ까요?/-을까요?	～しましょうか?	153
-ㄴ/-은	～（な）…	161
-ㄹ/-을 것 같아요	～しそうです	164
-고 오세요	～してきてください	177
-면/-으면	～すると・だと、～するなら	187
-지 마세요	～しないでください	189
-고	～して・で	195 / 202
-아도/-어도/-여도 돼요	～してもいいです	221
-고 왔어요	～してきました	223

hana
の
韓国語単語
〈超入門編〉

3週目　空欄に学習の予定や履歴を記入しましょう！

225 □ □	**몸** [モム]	体

226 □ □	**키** [キ]	身長、背

227 □ □	**머리** [モリ]	頭

228 □ □	**얼굴** [オルグル]	顔

229 □ □	**눈**¹ [ヌン]	目

230 □ □	**귀** [クィ]	耳

231 □ □	**코** [コ]	鼻

232 □ □	**입** [イプ]	口

解説　225 **무거워요**は、ㅂ変則の**무겁다**(重い)の現在形です。　226 **어떻게**は、[어떠케]と発音されます (激音化)。**어떻게 되세요?**は、「何ですか」「いくつですか」などの疑問を丁寧に尋ねる表現です。　227 **좋네요**は、**좋다**(良い)に-**네요**が付いた形で、[존네요]と発音されます (鼻音化)。　228 **예뻐요**は、으語幹の**예쁘다**(きれいだ)の現在形です。⤴

変 요즘 **몸**이 무거워요.

ヨジュム モミ／모미 ムゴウォヨ

最近、体が重いです。

発補 **키**가 어떻게 되세요?

キガ オットケ／어떠케 トェセヨ

身長はどれくらいですか?

文発 정말 **머리**가 좋네요!

チョンマル モリガ チョンネヨ／존네요

本当に頭がいいですね!

変 **얼굴**이 참 예뻐요.

オルグリ／얼구리 チャム イェッポヨ

顔がとてもきれいです。

変文 **눈**이 나빠서 안경을 써요.

ヌニ／누니 ナッパソ アンギョンウル ソヨ

目が悪くて眼鏡を掛けます。

変文 추워서 **귀**가 아파요.

チュウォソ クィガ アパヨ

寒くて耳が痛いです。

文 **코**가 높아서 문제예요.

コガ ノパソ／노파서 ムンジェエヨ／문제예요

鼻が高くて問題です。

変 그 친구는 **입**이 가벼워요.

ク チングヌン イビ／이비 カビョウォヨ

彼/彼女は口が軽いです。

229 **나빠서**는、으語幹の**나쁘다**(悪い)に-**아서**が付いた形です。**써요**は、으語幹の**쓰다**(掛ける)の現在形です。 230 **추워서**는、ㅂ変則の**춥다**(寒い)に-**어서**が付いた形です。**아파요**は、으語幹の**아프다**(痛い)の現在形です。 231 **높아서**は、**높다**(高い)に-**아서**が付いた形です。 232 **가벼워요**は、ㅂ変則の**가볍다**(軽い)の現在形です。

| 233 | **가슴** | 胸、心 |
| □ □ | [カスム] | |

| 234 | **마음** | 心 |
| □ □ | [マウム] | |

| 235 | **팔2** | 腕 |
| □ □ | [パル] | |

| 236 | **손** | 手 |
| □ □ | [ソン] | |

| 237 | **배** | 腹 |
| □ □ | [ペ] | |

| 238 | **허리** | 腰 |
| □ □ | [ホリ] | |

| 239 | **다리** | 脚、足 |
| □ □ | [タリ] | |

| 240 | **발** | 足 |
| □ □ | [パル] | |

解説 　233 **아팠어요**は、으語幹の**아프다**(痛い) に-**았어요**が付いた形です。　234 **따뜻해요**は、[따뜨태요]と発音されます(激音化)。　235 **힘을 주다**は、「力を入れる」という意味です。　236 **있으면**は、**있다**(ある) に-**으면**が付いた形です。**들어 주세요**は、**들다**(挙げる) に-**어 주세요**が付いた形です。　237 **불러요**は、르変則の**부르다**(満腹だ) の現在形 ↗

変補 가슴이 너무 아팠어요.
가스미　노무　아파써요
カスミ　ノム　アパッソヨ

胸 (心) がとても痛かったです。

発 우리 남편은 마음이 따뜻해요.
우리 남펴는　마으미　따뜨태요
ウリ ナムピョヌン　マウミ　タットゥテヨ

うちの夫は心が温かいです。

補 팔에 힘을 주세요.
파레　히믈　주세요
パレ　ヒムル　チュセヨ

腕に力を入れてください。

文 질문이 있으면 손을 들어 주세요.
질무니　이쓰면　소늘　드러 주세요
チルムニ　イッスミョン　ソヌル　トゥロ ジュセヨ

質問があれば手を挙げてください。

変 배가 너무 불러요.
페가　노무　프루로요
ペガ　ノム　プルロヨ

おなかがいっぱいです。

文 제가 허리가 안 좋아요.
체가　호리가　안 조아요
チェガ　ホリガ　アン ジョアヨ

私が腰が良くありません。

어느 쪽 다리를 다쳤어요?
어느 쪽 따리를　다처써요
オヌ チョク タリルル　タチョッソヨ

どちらの脚をけがしましたか?

신발이 발에 맞아요?
신바리　바레　마자요
シンバリ　パレ　マジャヨ

靴は足に合っていますか?

です。 238 안は、用言の前に付いて否定の意味を表します。

書いて覚えよう！

音声を聞きながら、口ずさみながら、
書いて単語を覚えましょう。

225
□
□
몸 몸
[モム]

226
□
□
키 키
[キ]

227
□
□
머리 머리
[モリ]

228
□
□
얼굴 얼굴
[オルグル]

229
□
□
눈¹ 눈
[ヌン]

230
□
□
귀 귀
[クィ]

231
□
□
코 코
[コ]

232
□
□
입 입
[イプ]

| 233 | **가슴** | 가슴 |
| □ □ | [カスム] | |

| 234 | **마음** | 마음 |
| □ □ | [マウム] | |

| 235 | **팔2** | 팔 |
| □ □ | [パル] | |

| 236 | **손** | 손 |
| □ □ | [ソン] | |

| 237 | **배** | 배 |
| □ □ | [ペ] | |

| 238 | **허리** | 허리 |
| □ □ | [ホリ] | |

| 239 | **다리** | 다리 |
| □ □ | [タリ] | |

| 240 | **발** | 발 |
| □ □ | [パル] | |

241 □ □	**집** [チプ]	家、家庭、店
242 □ □	**방** [パン]	部屋　漢房
243 □ □	**문** [ムン]	ドア、戸、扉、門　漢門
244 □ □	**화장실** [ファジャンシル]	トイレ、化粧室　漢化粧室
245 □ □	**가게** [カゲ]	店
246 □ □	**식당** [식땅 シクタン]	食堂、レストラン　漢食堂
247 □ □	**자리** [チャリ]	席、場所、跡、地位
248 □ □	**시장** [シジャン]	市場、マーケット　漢市場

解説　242 **쉴게요**は、**쉬다**（休む）に-**ㄹ게요**が付いた形で、[**쉴께요**]と発音されます（語尾の濃音化）。 243 **닫아 주세요**は、**닫다**（閉める）に-**아 주세요**が付いた形です。 247 **저기요**は、お店の人や知らない人に声を掛けるときに使う、日本語の「すみません」「あの」に該当する言葉です。

집에 거의 다 왔어요.

지베 거이 다 와써요
チベ コイ タ ワッソヨ

もうすぐ家に着きます（ほとんど来ました）。

文発 **방**에서 쉴게요.

방에서 쉴께요
パンエソ シュィルケヨ

部屋で休みます。

文 **문** 좀 닫아 주세요.

문 좀 다다 주세요
ムンジョム タダ ジュセヨ

ちょっとドアを閉めてください。

화장실이 어디예요?

화장시리 어디에요
ファジャンシリ オディエヨ

トイレはどこですか？

가게에 사람이 많아요.

가게 사라미 마나요
カゲエ サラミ マナヨ

店に人が多いです。

삼 층에 **식당**이 있어요.

식땅이 이써요
サム チュンエ シクタンイ イッソヨ

3階に食堂があります。

補 **저기요! 자리** 있어요?

자리 이써요
チョギヨ チャリ イッソヨ

すみません！　席ありますか？

여기보다 **시장**이 더 싸요.

여기보다 시장이 더 싸요
ヨギボダ シジャンイ ト サヨ

ここより市場の方が安いです。

131

249	**회사**	会社　漢会社
☐ ☐	[フェサ]	

250	**은행**	銀行　漢銀行
☐ ☐	[으냉 / 우ネン]	

251	**공항**	空港　漢空港
☐ ☐	[コンハン]	

252	**역**	駅　漢駅
☐ ☐	[ヨク]	

253	**비행기**	飛行機　漢飛行機
☐ ☐	[ピヘンギ]	

254	**전철**	電車、地下鉄　漢電鉄
☐ ☐	[チョンチョル]	

255	**길**	道
☐ ☐	[キル]	

256	**차**	車　漢車
☐ ☐	[チャ]	

解説　250 **은행**は、[으냉]と発音されます（ㅎ弱化）。　252 **서울역**には、[서울려게]と発音されます（ㄴ挿入、流音化）。**도착해요**は、[도차캐요]と発音されます（激音化）。　254 **갈게요**は、**가다**（行く）に-ㄹ게요が付いた形で、[갈께요]と発音されます（語尾の濃音化）。

132

오늘 **회사**를 쉬었어요.

オヌル フェサルル 쉬어써요 シュィオッソヨ

今日、会社を休みました。

発 **은행**은 문을 닫았어요.

으냉은 ウネンウン 무늘 ムヌル 다다써요 タダッソヨ

銀行は閉まりました (戸を閉じました) 。

공항까지 삼, 사십 분 걸려요.

コンハンカジ 삼 사십 뿐 サム サシププン コルリョヨ

空港まで30〜40分かかります。

禁 発 세 시에 **서울역**에 도착해요.

セ シエ 서울려게 ソウルリョゲ 도차캐요 トチャケヨ

3時にソウル駅に到着します。

비행기로 두 시간 걸려요.

ピヘンギロ トゥ シガン コルリョヨ

飛行機で2時間かかります。

文 発 **전철**로 갈게요.

チョンチョルロ 갈께요 カルケヨ

電車で行きます。

이 **길**이 맞아요?

이 기리 イキリ 마자요 マジャヨ

この道で合っていますか (この道が正しいですか) ?

오늘도 **차**로 왔어요?

オヌルド チャロ 와써요 ワッソヨ

今日も車で来ましたか?

書いて覚えよう！ 音声を聞きながら、口ずさみながら、
書いて単語を覚えましょう。

241 ☐ ☐	**집** [チプ]	집
242 ☐ ☐	**방** [パン]	방
243 ☐ ☐	**문** [ムン]	문
244 ☐ ☐	**화장실** [ファジャンシル]	화장실
245 ☐ ☐	**가게** [カゲ]	가게
246 ☐ ☐	**식당** [식땅 シクタン]	식당
247 ☐ ☐	**자리** [チャリ]	자리
248 ☐ ☐	**시장** [シジャン]	시장

| 249 | **회사** | 회사 |
| | [フェサ] | |

| 250 | **은행** | 은행 |
| | [으냉 ウネン] | |

| 251 | **공항** | 공항 |
| | [コンハン] | |

| 252 | **역** | 역 |
| | [ヨク] | |

| 253 | **비행기** | 비행기 |
| | [ピヘンギ] | |

| 254 | **전철** | 전철 |
| | [チョンチョル] | |

| 255 | **길** | 길 |
| | [キル] | |

| 256 | **차** | 차 |
| | [チャ] | |

| 257 | **병원** | 病院　漢病院 |
| | ☐ ☐ [ピョンウォン] | |

| 258 | **병** | 病気　漢病 |
| | ☐ ☐ [ピョン] | |

| 259 | **감기** | 風邪　漢感気 |
| | ☐ ☐ [カムギ] | |

| 260 | **약** | 薬　漢薬 |
| | ☐ ☐ [ヤク] | |

| 261 | **전화** | 電話　漢電話 |
| | ☐ ☐ [저놔 チョヌァ] | |

| 262 | **가방** | かばん |
| | ☐ ☐ [カバン] | |

| 263 | **우산** | 傘　漢雨傘 |
| | ☐ ☐ [ウサン] | |

| 264 | **사진** | 写真　漢写真 |
| | ☐ ☐ [サジン] | |

解説　258 ~ 때문에は、「~のせいで、~が原因で」という意味。**아팠어요**は、으語幹の**아프다** (痛い) に**-았어요**が付いた形です。　260 **약을 먹다**は、「薬を飲む」という意味です。나 **았어요**は、ㅅ変則の**낫다** (治る) に**-았어요**が付いた形です。　261 **전화**は、[**저놔**]と発音 されます (ㅎ弱化)。　262 **들어 드려요**は、**들다** (持つ) に**-어 드려요**が付いた形です。↗

136

이 근처에 **병원**이 있어요?

イ クンチョエ 병워니 ピョンウォニ 이써요 イッソヨ

この近所に病院はありますか?

文変 **병** 때문에 아팠어요.

ピョン 때무네 テムネ 아파써요 アパッソヨ

病気のせいで具合が悪かった (痛かった) です。

감기에 걸렸어요.

カムギエ 걸려써요 コルリョッソヨ

風邪をひきました。

補変 **약**을 먹고 나았어요.

야글 ヤグル 먹꼬 モッコ 나아써요 ナアッソヨ

薬を飲んで治りました。

発 지금 **전화** 괜찮으세요?

チグム 저놔 チョヌァ 괜차느세요 クェンチャヌセヨ

今、電話大丈夫ですか?

文補 **가방** 들어 드려요.

カバン 드러 드려요 トゥロ ドゥリョヨ

かばん、お持ちします (持って差し上げます)。

文 비가 오니까 **우산**을 쓰세요.

ピガ オニッカ 우사늘 ウサヌル スセヨ

雨が降っているので傘を差してください。

文 **사진** 보여 주세요.

サジン ポヨ ジュセヨ

写真見せてください。

드리다는 **주다**の謙譲語です。 263 **오니까**は、**오다** (降る) に-**니까**が付いた形です。 264 **보여 주세요**は、**보이다** (見せる) に-**어 주세요**が付いた形です。

265 □ □	**옷** [올 オッ]	服
266 □ □	**바지** [パジ]	ズボン
267 □ □	**치마** [チマ]	スカート
268 □ □	**속옷** [소곧 ソゴッ]	下着、肌着
269 □ □	**양말** [ヤンマル]	靴下　漢 洋襪
270 □ □	**신발** [シンバル]	靴、履き物
271 □ □	**구두** [クドゥ]	靴、革靴
272 □ □	**안경** [アンギョン]	眼鏡　漢 眼鏡

解説　265 **백화점에**は、[배콰저메]と発音されます (激音化)。**사러 가요**は、**사다** (買う) に-**러 가요**が付いた形です。　269 **한 쪽밖에**は、**한 쪽** (片方) に助詞の〜**밖에**が付いた形です。

138

発文 백화점에 **옷을** 사러 가요. 배콰저메　오슬 ペクァジョメ　オスル　サロ ガヨ	デパートに服を買いに行きます。
바지를 하나 샀어요. パジルル　ハナ　사써요 サッソヨ	ズボンを一つ買いました。
치마가 조금 짧아요. チマガ　チョグム　짤바요 チャルバヨ	スカートが少し短いです。
속옷이 보여요. 소고시 ソゴシ　ポヨヨ	下着が見えます。
文 **양말이** 한 쪽밖에 없어요. 양마리　한 쪽빠께　업써요 ヤンマリ　ハン チョクパッケ　オプソヨ	靴下が片方しかありません。
신발 사이즈가 이백삼십이에요. シンバル　サイジュガ　이백쌈시비에요 イベクサムシビエヨ	靴のサイズが23センチ (230) です。
구두가 마음에 들어요. 마으메　드러요 クドゥガ　マウメ　トゥロヨ	靴が気に入りました (心に入りました)。
안경을 잃어버렸어요. 이러버려써요 アンギョンウル　イロボリョッソヨ	眼鏡をなくしました。

書いて覚えよう！

音声を聞きながら、口ずさみながら、
書いて単語を覚えましょう。

| 257 ☐ ☐ | **병원** [ピョンウォン] | 병원 |

| 258 ☐ ☐ | **병** [ピョン] | 병 |

| 259 ☐ ☐ | **감기** [カムギ] | 감기 |

| 260 ☐ ☐ | **약** [ヤク] | 약 |

| 261 ☐ ☐ | **전화** [저놔 / チョヌァ] | 전화 |

| 262 ☐ ☐ | **가방** [カバン] | 가방 |

| 263 ☐ ☐ | **우산** [ウサン] | 우산 |

| 264 ☐ ☐ | **사진** [サジン] | 사진 |

| 265 | 옷 | 옷 |
| | [옫 / 오ッ] | |

| 266 | 바지 | 바지 |
| | [パジ] | |

| 267 | 치마 | 치마 |
| | [チマ] | |

| 268 | 속옷 | 속옷 |
| | [소곧 / ソゴッ] | |

| 269 | 양말 | 양말 |
| | [ヤンマル] | |

| 270 | 신발 | 신발 |
| | [シンバル] | |

| 271 | 구두 | 구두 |
| | [クドゥ] | |

| 272 | 안경 | 안경 |
| | [アンギョン] | |

273	**일본**	日本　漢 日本
	[イルボン]	

274	**외국**	外国　漢 外国
	[ウェグク]	

275	**일본어**	日本語　漢 日本語
	[일보너 / イルボノ]	

276	**영어**	英語　漢 英語
	[ヨンオ]	

277	**글**	文、文章、文字
	[クル]	

278	**단어**	単語　漢 単語
	[다너 / タノ]	

279	**학교**	学校　漢 学校
	[학꾜 / ハクキョ]	

280	**대학교**	大学　漢 大学校
	[대학꾜 / テハクキョ]	

解説　273 **놀러 오세요**は、**놀다** (遊ぶ) に-**러 오세요**が付いた形です。　274 **가 보셨어요?**は、**가다** (行く) に-**아 보셨어요?**が付いた形です。　275 **이야기해도 돼요?**は、**이야기하다** (話す) に-**어도 돼요?**が付いた形です。　276 **어려워요**は、ㅂ変則の**어렵다** (難しい) の現在形です。　277 **써요**は、으語幹の**쓰다** (書く) の現在形です。　278 **외워야 해요**は、↗

文 **일본**에 한번 놀러 오세요.

일보네 한번 놀러 오세요
イルボネ ハンボン ノルロ オセヨ

日本に一度遊びに来てください。

文 **외국**은 어디를 가 보셨어요?

외구근 어디를 가보셔써요
ウェググン オディルル カ ボショッソヨ

外国はどこに行ったことがありますか (行ってみられましたか) ?

文 **일본어**로 이야기해도 돼요?

일보너로 이야기해도 돼요
イルボノロ イヤギヘド ドェヨ

日本語で話してもいいですか?

変 **영어**는 어려워요.

ヨンオヌン オリョウォヨ

英語は難しいです。

変 **글**을 잘 써요.

그를 잘 써요
クルル チャル ソヨ

文章を書くのが上手です (よく書きます) 。

文 **단어**를 많이 외워야 해요.

다너를 마니 외워야 해요
タノルル マニ ウェウォヤ ヘヨ

単語をたくさん覚えなければいけません。

補 동생은 **학교**를 다녀요.

학꾜를
トンセンウン ハクキョルル タニョヨ

弟/妹は学校に通っています。

미국에서 **대학교**를 나왔어요.

미구게서 대학꾜를 나와써요
ミグゲソ テハクキョルル ナワッソヨ

米国で大学を出ました。

외우다 (覚える) に**-어야 해요**が付いた形です。 279 ~을/~를 다니다は、「~に通う」という意味です。

281 ☐ ☐	**수업** [スオプ]	授業　漢授業
282 ☐ ☐	**공부** [コンブ]	勉強　漢工夫
283 ☐ ☐	**학생** [학쌩 ハクセン]	学生　漢学生
284 ☐ ☐	**선생님** [ソンセンニム]	先生、～さん　漢先生-
285 ☐ ☐	**시험** [シホム]	試験、テスト　漢試験
286 ☐ ☐	**문제** [ムンジェ]	問題　漢問題
287 ☐ ☐	**책상** [책쌍 チェクサン]	机　漢冊床
288 ☐ ☐	**의자** [ウイジャ]	いす　漢椅子

解説　281 끝났어요は、[끈나써요]と発音されます (鼻音化) 。　282 하러 가요は、하다 (する) に-러 가요が付いた形です。　285 시험을 보다は、「試験を受ける」という意味です。 288 앉아 계세요は、앉다 (座る) に-아 계세요が付いた形です。계시다は、있다の尊敬語です。

🔊 **수업**이 빨리 끝났어요.

수어비　파ₗ리　끈나써요
スオビ　パルリ　クンナッソヨ

授業が早く終わりました。

📄 카페에 **공부**를 하러 가요.

카페　コンブルル　하ロ 가요
カペエ　コンブルル　ハロ ガヨ

カフェに勉強をしに行きます。

아직 **학생**이에요.

학쌩이에요
アジク　ハクセンイエヨ

まだ学生です。

선생님, 어디 가세요?

ソンセンニム　オディ ガセヨ

先生、どこに行かれるのです
か?

📋 내일 **시험**을 봐요.

시허믈
ネイル　シホムル　ポァヨ

明日、試験を受けます。

문제가 생겼어요.

생겨써요
ムンジェガ　センギョッソヨ

問題が起きました。

책상 위에 없어요?

책쌍 위에　업써요
チェクサン ウィエ　オプソヨ

机の上にないですか?

📄📋 저 **의자**에 앉아 계세요.

안자 게세요
チョ ウイジャエ　アンジャ ゲセヨ

あのいすに座っていらっしゃ
います。

145

書いて覚えよう! 音声を聞きながら、口ずさみながら、書いて単語を覚えましょう。

273 ☐ ☐	**일본** [イルボン]	일본

274 ☐ ☐	**외국** [ウェグク]	외국

275 ☐ ☐	**일본어** [일보너 イルボノ]	일본어

276 ☐ ☐	**영어** [ヨンオ]	영어

277 ☐ ☐	**글** [クル]	글

278 ☐ ☐	**단어** [다너 タノ]	단어

279 ☐ ☐	**학교** [학꾜 ハクキョ]	학교

280 ☐ ☐	**대학교** [テハク]	대학교

| 281 | 수업 | 수업 |
| | ☐ ☐ [スオプ] | |

| 282 | 공부 | 공부 |
| | ☐ ☐ [コンブ] | |

| 283 | 학생 | 학생 |
| | ☐ ☐ [학쌩 / ハクセン] | |

| 284 | 선생님 | 선생님 |
| | ☐ ☐ [ソンセンニム] | |

| 285 | 시험 | 시험 |
| | ☐ ☐ [シホム] | |

| 286 | 문제 | 문제 |
| | ☐ ☐ [ムンジェ] | |

| 287 | 책상 | 책상 |
| | ☐ ☐ [책쌍 / チェクサン] | |

| 288 | 의자 | 의자 |
| | ☐ ☐ [ウイジャ] | |

289 □ □	**책** [チェク]	本　漢冊
290 □ □	**취미** [チュィミ]	趣味　漢趣味
291 □ □	**여행** [ヨヘン]	旅行　漢旅行
292 □ □	**음악** [으막 / ウマク]	音楽　漢音楽
293 □ □	**노래** [ノレ]	歌
294 □ □	**영화** [ヨンファ]	映画　漢映画
295 □ □	**운동** [ウンドン]	運動、スポーツ　漢運動
296 □ □	**산** [サン]	山　漢山

解説　289 **봐도 돼요?**は、**보다** (読む) に-**아도 돼요?**が付いた形です。　290 **어떻게**は、[어떠케]と発音されます (激音化)。**어떻게 되세요?**は、「何ですか」「いくつですか」などの疑問を丁寧に尋ねる表現です。　293 **듣고 있어요**は、**듣다** (聞く) に-**고 있어요**が付いた形です。

148

文 이 **책** 보도 돼요?	この本、見てもいいですか?

イ チェク　ポァド ドェヨ

発補 **취미**가 어떻게 되세요?	趣味は何でいらっしゃいますか?

チュィミガ　어떠케 オットケ　トェセヨ

여행이 취미예요.	旅行が趣味です。

ヨヘンイ　취미예요 チュィミエヨ

어떤 **음악**을 좋아해요?	どんな音楽が好きですか?

어떠느마글 オット ヌマグル　조아해요 チョアヘヨ

文 지금 **노래** 듣고 있어요.	今、歌を聞いています。

チグム　ノレ　듣꼬 이써요 トゥッコ イッソヨ

비행기에서 **영화**를 봤어요.	飛行機で映画を見ました。

ピヘンギエソ　ヨンファルル　봐써요 ポァッソヨ

운동을 좋아해요.	運動が好きです。

ウンドンウル　조아해요 チョアヘヨ

일요일에는 **산**을 가요.	日曜日は山に行きます。

이료이레는 イリョイレヌン　사늘 サヌル　カヨ

297	**강**	川　漢江
□ □	[カン]	

298	**바다**	海
□ □	[パダ]	

299	**나무**	木
□ □	[ナム]	

300	**꽃**	花
□ □	[꼳 コッ]	

301	**날씨**	天気、天候
□ □	[ナルシ]	

302	**비**	雨
□ □	[ピ]	

303	**구름**	雲
□ □	[クルム]	

304	**눈²**	雪
□ □	[ヌン]	

解説　297 **흘러요**は、르変則の**흐르다** (流れる) の現在形です。　298 **보고 싶어요**は、**보다** (見る) に-**고 싶어요**が付いた形です。　300 **받으면**は、**받다** (もらう) に-**으면**が付いた形です。**기쁘지요**は、**기쁘다** (うれしい) に-**지요**が付いた形です。　301 **추워요**は、ㅂ変則の**춥다** (寒い) の現在形です。　303 **없네요**は、**없다** (ない) に-**네요**が付いた形で、[**엄네요**] ↗

変 다리 밑으로 **강**이 흘러요.

다리 미트로
タリ ミトゥロ　カンイ　フルロヨ

橋の下に川が流れています。

文 **바다**가 보고 싶어요.

パダガ　보고 시퍼요
ポゴ シポヨ

海が見たいです。

저 **나무** 밑에서 쉬어요.

저 나무 미테서
チョ ナム ミテソ　シュィオヨ

あの木の下で休みましょう。

文 **꽃**을 받으면 기쁘지요?

꼬츨　바드면
コチュル　パドゥミョン　キップジヨ

花をもらったらうれしいでしょう?

変 오늘은 **날씨**가 추워요.

오느른
オヌルン　ナルシガ　チュウォヨ

今日は (天気が) 寒いです。

비가 많이 내려요.

마니
ピガ　マニ　ネリョヨ

雨がたくさん降ります。

文 発 오늘은 **구름** 하나 없네요.

오느른　엄네요
オヌルン　クルム　ハナ　オムネヨ

今日は雲一つありませんね。

어제 **눈**이 왔어요.

누니　와써요
オジェ　ヌニ　ワッソヨ

昨日、雪が降りました。

と発音されます (鼻音化)。

151

書いて覚えよう！

音声を聞きながら、口ずさみながら、
書いて単語を覚えましょう。

289	**책**	책
□ □	[チェク]	

290	**취미**	취미
□ □	[チュィミ]	

291	**여행**	여행
□ □	[ヨヘン]	

292	**음악**	음악
□ □	[으막 / ウマク]	

293	**노래**	노래
□ □	[ノレ]	

294	**영화**	영화
□ □	[ヨンファ]	

295	**운동**	운동
□ □	[ウンドン]	

296	**산**	산
□ □	[サン]	

297 ☐ ☐	**강** [カン]	강
298 ☐ ☐	**바다** [パダ]	바다
299 ☐ ☐	**나무** [ナム]	나무
300 ☐ ☐	**꽃** [꼳 コッ]	꽃
301 ☐ ☐	**날씨** [ナルシ]	날씨
302 ☐ ☐	**비** [ピ]	비
303 ☐ ☐	**구름** [クルム]	구름
304 ☐ ☐	**눈²** [ヌン]	눈

基本の動詞4　 ♪)39

305
□
□
열어요

[여러요]
[ヨロヨ]

開けます、開きます、始めます

基 **열다** [ヨルダ]

306
□
□
닫아요

[다다요]
[タダヨ]

閉めます

基 **닫다** [닫따 タッタ]

307
□
□
넣어요

[너어요]
[ノオヨ]

入れます

基 **넣다** [너타 ノタ]

308
□
□
내요

[ネヨ]

出します

基 **내다** [ネダ]

309
□
□
찍어요

[찌거요]
[チゴヨ]

(写真を) 撮ります、(液体や粉などを) つけます

基 **찍다** [찍따 チクタ]

310
□
□
나요

[ナヨ]

出ます、起こります、生えます

基 **나다** [ナダ]

311
□
□
나가요

[ナガヨ]

出ます、出て行きます

基 **나가다** [ナガダ]

312
□
□
나와요

[ナワヨ]

出てきます

基 **나오다** [ナオダ]

解説

305 **열어 주세요**は、**열다**に-**어 주세요**が付いた形です。　307 **넣어 주세요**は、**넣다**に-**어 주세요**が付いた形です。　309 **저랑**は、**저** (私) に助詞の〜**랑**が付いた形です。**찍어 주세요**は、**찍다**に-**어 주세요**が付いた形です。

🔲 문 좀 **열어** 주세요!

여러 주세요
ムンジョム　ヨロ ジュセヨ

ちょっとドアを開けてください！

가게가 문을 **닫았어요.**

무늘　다다써요
カゲガ　ムヌル　タダッソヨ

お店が閉店しました（戸を閉めました）。

🔲 우산은 여기에 **넣어** 주세요.

우사는　너어 주세요
ウサヌン　ヨギエ　ノオ ジュセヨ

傘はここに入れてください。

돈은 누가 **냈어요?**

도는　내써요
トヌン　ヌガ　ネッソヨ

お金は誰が出しましたか？

🔲 저랑 사진 **찍어** 주세요.

찌거 주세요
チョラン　サジン　チゴ ジュセヨ

私と写真撮ってください。

저기서 소리가 **났어요.**

나써요
チョギソ　ソリガ　ナッソヨ

あそこから音がしました（出ました）。

십 분 전에 회사를 **나갔어요.**

십 뿐 저네　나가써요
シププン ジョネ　フェサルル　ナガッソヨ

10分前に会社を出ました。

지금 빨리 **나와요.**

チグム　パルリ　ナワヨ

今すぐ出てきてください。

155

| 313 | **지나요**
□
□ [チナヨ] | 過ぎます、通ります、超します
墓 **지나다** [チナダ] |

| 314 | **걸려요**
□
□ [コルリョヨ] | かかります、(時間が) かかります、つっかかります
墓 **걸리다** [コルリダ] |

| 315 | **울어요**
□
□ [우러요
ウロヨ] | 泣きます
墓 **울다** [ウルダ] |

| 316 | **웃어요**
□
□ [우서요
ウソヨ] | 笑います
墓 **웃다** [욷따 ウッタ] |

| 317 | **결혼해요**
□
□ [겨로내요
キョロネヨ] | 結婚します 漢 結婚--
墓 **결혼하다** [겨로나다 キョロナダ] |

| 318 | **축하해요**
□
□ [추카해요
チュカヘヨ] | 祝います 漢 祝賀--
墓 **축하하다** [추카하다 チュカハダ] |

| 319 | **잘돼요**
□
□ [チャルドェヨ] | うまくいきます、よくできます、成功します
墓 **잘되다** [チャルドェダ] |

| 320 | **안돼요**
□
□ [アンドェヨ] | うまくいきません、駄目です
墓 **안되다** [アンドェダ] |

解説　314 **걸려 있어요**は、**걸리다**に**-어 있어요**が付いた形です。　316 **같이**は、[**가치**]と発音されます (口蓋音化)。**웃어 볼까요?**は、**웃다**に**-어 볼까요?**が付いた形です。　317 **결혼했어요**は、[**겨로내써요**]と発音されます (ㅎ弱化)。**결혼하다**の過去形ですが「 (現在) 結婚しています」という意味でよく使われます。　318 **축하해요**は、[**추카해요**]と発音され ↗

벌써 하루가 **지났어요**.

ポルソ	ハルガ	지나써요 チナッソヨ

もう1日が過ぎました。

文 시계가 벽에 **걸려** 있어요.

시게가 シゲガ	벼게 ピョゲ	걸려 이써요 コルリョ イッソヨ

時計が壁に掛かっています。

그 이야기를 듣고 **울었어요**.

クイヤギルル	듣꼬 トゥッコ	우러써요 ウロッソヨ

その話を聞いて泣きました。

発
文 모두 같이 **웃어** 볼까요?

モドゥ	가치 カチ	우서 볼까요 ウソ ボルカヨ

皆一緒に笑ってみましょうか?

発
補 저는 **결혼했어요**.

チョヌン	겨로내써요 キョロネッソヨ

私は結婚しています（しました）。

発 생일 **축하해요**!

センイル	추카해요 チュカヘヨ

誕生日おめでとうございます（お祝いします）！

文
発 정말 **잘됐네요**.

チョンマル	잘됀네요 チャルドェンネヨ

本当にうまくいきましたね。

일이 잘 **안돼요**.

이리 イリ	チャル	안돼요 アンドェヨ

仕事がうまくいきません。

ます（激音化）。　319 **잘됐네요**は、**잘되다**に-**었네요**が付いた形で、[**잘됀네요**]と発音されます（鼻音化）。

305 ☐ ☐	**열어요** [여러요 / ヨロヨ]	열어요
306 ☐ ☐	**닫아요** [다다요 / タダヨ]	닫아요
307 ☐ ☐	**넣어요** [너어요 / ノオヨ]	넣어요
308 ☐ ☐	**내요** [ネヨ]	내요
309 ☐ ☐	**찍어요** [찌거요 / チゴヨ]	찍어요
310 ☐ ☐	**나요** [ナヨ]	나요
311 ☐ ☐	**나가요** [ナガヨ]	나가요
312 ☐ ☐	**나와요** [ナワヨ]	나와요

313 ☐ ☐	**지나요** [チナヨ]	지나요
314 ☐ ☐	**걸려요** [コルリョヨ]	걸려요
315 ☐ ☐	**울어요** [우러요 ウロヨ]	울어요
316 ☐ ☐	**웃어요** [우서요 ウソヨ]	웃어요
317 ☐ ☐	**결혼해요** [겨로내요 キョロネヨ]	결혼해요
318 ☐ ☐	**축하해요** [추카해요 チュカヘヨ]	축하해요
319 ☐ ☐	**잘돼요** [チャルドェヨ]	잘돼요
320 ☐ ☐	**안돼요** [アンドェヨ]	안돼요

321 ☐ ☐	**언제나** [オンジェナ]	いつも、しょっちゅう
322 ☐ ☐	**먼저** [モンジョ]	先に、まず、前もって
323 ☐ ☐	**빨리** [パルリ]	速く、早く
324 ☐ ☐	**곧** [コッ]	すぐに、すなわち、つまり
325 ☐ ☐	**천천히** [천처니 チョンチョニ]	ゆっくりと
326 ☐ ☐	**다시** [タシ]	もう一度、再度、再び
327 ☐ ☐	**잘** [チャル]	よく、上手に
328 ☐ ☐	**같이** [가치 カチ]	一緒に、同様に、共に

解説　321 **같이**は、[**가치**]と発音されます（口蓋音化）。**있을게요**は、**있다**（いる）に-**을게요**が付いた形で、[**이쓸께요**]と発音されます（語尾の濃音化）。 323 **결혼을**は、[**겨로늘**]と発音されます（ㅎ弱化）。 324 **오실 거예요**は、**오다**（来る）に-**실 거예요**が付いた形で、[**오실 꺼에요**]と発音されます（ㄹ連体形の濃音化）。 325 **천천히**は、[**천처니**]と発音され ↗

発文	**언제나** 같이 있을게요.	いつも一緒にいます。
	오ンジェナ 가치 이쓸께요 オンジェナ カチ イッスルケヨ	

먼저 드세요.

モンジョ トゥセヨ

先にお召し上がりください。

発 결혼을 **빨리** 했어요.

겨로늘 빨리 해써요
キョロヌル パルリ ヘッソヨ

結婚を早くしました。

文発 사장님이 **곧** 오실 거예요.

사장니미 오실 꺼에요
サジャンニミ コッ オシル コエヨ

社長がすぐいらっしゃるでしょう。

発文 기사님, **천천히** 가 주세요.

키사님 천처니 가 주세요
キサニム チョンチョニ カ ジュセヨ

運転手さん、ゆっくり行ってください。

文 **다시** 한번 해 보세요.

タシ ハンボン ヘ ボセヨ

もう一度やってみてください。

変 노래를 아주 **잘** 불러요.

ノレルル アジュ チャル プルロヨ

歌をとても上手に歌います。

発文補 역까지 **같이** 가시죠.

역카지 가치 가시조
ヨッカジ カチ カシジョ

駅まで一緒に行きましょう。

ます (ㅎ弱化)。가 주세요は、가다 (行く) に-아 주세요が付いた形です。 326 해 보세요は、하다 (やる) に-어 보세요が付いた形です。 327 불러요は、르変則の부르다 (歌う) の해요体です。 328 같이は、[가치]と発音されます (口蓋音化)。가시죠は、가다 (行く) に-시죠が付いた形です。目上に対する勧誘には-시죠がよく使われます。

329	**다** [タ]	全部、全て
330	**아주** [アジュ]	とても、非常に
331	**많이** [마니 マニ]	多く、たくさん
332	**너무** [ノム]	とても、あまりにも
333	**더** [ト]	もっと、より一層、さらに
334	**좀** [チョム]	少し、ちょっと
335	**그리고** [クリゴ]	そして
336	**제일** [チェイル]	一番、最も　漢 第一

解説　330 **어려웠어요**は、ㅂ変則の**어렵다** (難しい) に-**었어요**が付いた形です。 331 **기다리셨죠?**は、**기다리다** (待つ) に-**셨죠?**が付いた形です。 332 **매워요**は、ㅂ変則の**맵다** (辛い) の現在形です。 333 **열심히**は、[**열씨미**]と発音されます (漢字語の濃音化、ㅎ弱化)。**할게요**は、**하다** (やる) に-**ㄹ게요**が付いた形で、[**할께요**]と発音されます (語尾の濃音 ↗

다 모였어요.

모여써요
タ モヨッソヨ

全員集まりました。

変 시험이 **아주** 어려웠어요.

시허미　어려워써요
シホミ　アジュ　オリョウォッソヨ

試験がとても難しかったです。

文 **많이** 기다리셨죠?

마니　기다리셛쪼
マニ　キダリショッチョ

たくさん待ちましたよね?

変 국이 **너무** 매워요.

구기
クギ　ノム　メウォヨ

スープがとても辛いです。

発
文 다음에는 **더** 열심히 할게요.

다으메는　열씨미　할께요
タウメヌン　ト　ヨルシミ　ハルケヨ

次はもっと一生懸命やります。

값이 **좀** 비싸요.

갑씨
カプシ　チョム　ピッサヨ

値段が少し高いです。

음식이 싸요. **그리고** 맛있어요.

음시기　　　　마시써요
ウムシギ　サヨ　クリゴ　マシッソヨ

食べ物が安いです。そして、
おいしいです。

여기서 뭐가 **제일** 맛있어요?

마시써요
ヨギソ　ムォガ　チェイル　マシッソヨ

ここで何が一番おいしいで
すか?

化)。

書いて覚えよう！

音声を聞きながら、口ずさみながら、
書いて単語を覚えましょう。

321 ☐ ☐	**언제나** [オンジェナ]	언제나
322 ☐ ☐	**먼저** [モンジョ]	먼저
323 ☐ ☐	**빨리** [パルリ]	빨리
324 ☐ ☐	**곧** [コッ]	곧
325 ☐ ☐	**천천히** [천처니 チョンチョニ]	천천히
326 ☐ ☐	**다시** [タシ]	다시
327 ☐ ☐	**잘** [チャル]	잘
328 ☐ ☐	**같이** [가치 カチ]	같이

329 □ □	**다** [タ]	다
330 □ □	**아주** [アジュ]	아주
331 □ □	**많이** [마니 / マニ]	많이
332 □ □	**너무** [ノム]	너무
333 □ □	**더** [ト]	더
334 □ □	**좀** [チョム]	좀
335 □ □	**그리고** [クリゴ]	그리고
336 □ □	**제일** [チェイル]	제일

入門レベルでよく使う基本的な活用形と、各単語の活用と語幹の種類を示しました。表の見方は P.008 を参照してください。

305	열다	ㄹ語幹 陰語幹 パッチム有	열어요	열었어요	여세요
☐ ☐	ヨルダ		여러요 ヨロヨ	여러써요 ヨロッソヨ	ヨセヨ

306	닫다	陽語幹 パッチム有	닫아요	닫았어요	닫으세요
☐ ☐	닫따 タッタ		다다요 タダヨ	다다써요 タダッソヨ	다드세요 タドゥセヨ

307	넣다	陰語幹 パッチム有	넣어요	넣었어요	넣으세요
☐ ☐	너타 ノタ		너어요 ノオヨ	너어써요 ノオッソヨ	너으세요 ノウセヨ

308	내다	陰語幹 パッチム無	내요	냈어요	내세요
☐ ☐	ネダ		ネヨ	내써요 ネッソヨ	ネセヨ

309	찍다	陰語幹 パッチム有	찍어요	찍었어요	찍으세요
☐ ☐	찍따 チクタ		찌거요 チゴヨ	찌거써요 チゴッソヨ	찌그세요 チグセヨ

310	나다	陽語幹 パッチム無	나요	났어요	나세요
☐ ☐	ナダ		ナヨ	나써요 ナッソヨ	ナセヨ

311	나가다	陽語幹 パッチム無	나가요	나갔어요	나가세요
☐ ☐	ナガダ		ナガヨ	나가써요 ナガッソヨ	ナガセヨ

312	나오다	陽語幹 パッチム無	나와요	나왔어요	나오세요
☐ ☐	ナオダ		ナワヨ	나와써요 ナワッソヨ	ナオセヨ

掲載番号	基本形	活用種類 語幹の種類 パッチムの有無	現在形	過去形	尊敬現在形
313 □ □	지나다 [チナダ]	陽語幹 パッチム無	지나요 [チナヨ]	지났어요 지나써요 チナッソヨ	지나세요 [チナセヨ]
314 □ □	걸리다 [コルリダ]	陰語幹 パッチム無	걸려요 [コルリョヨ]	걸렸어요 걸려써요 コルリョッソヨ	걸리세요 [コルリセヨ]
315 □ □	울다 [ウルダ]	ㄹ語幹 陰語幹 パッチム有	울어요 우러요 ウロヨ	울었어요 우러써요 ウロッソヨ	우세요 [ウセヨ]
316 □ □	웃다 [욷따 ウッタ]	陰語幹 パッチム有	웃어요 우서요 ウソヨ	웃었어요 우서써요 ウソッソヨ	웃으세요 우스세요 ウスセヨ
317 □ □	결혼하다 [겨로나다 キョロナダ]	하다用言 パッチム無	결혼해요 겨로내요 キョロネヨ	결혼했어요 겨로내써요 キョロネッソヨ	결혼하세요 겨로나세요 キョロナセヨ
318 □ □	축하하다 [추카하다 チュカハダ]	하다用言 パッチム無	축하해요 추카해요 チュカヘヨ	축하했어요 추카해써요 チュカヘッソヨ	축하하세요 추카하세요 チュカハセヨ
319 □ □	잘되다 [チャルドェダ]	陰語幹 パッチム無	잘돼요 [チャルドェヨ]	잘됐어요 잘돼써요 チャルドェッソヨ	잘되세요 [チャルドェセヨ]
320 □ □	안되다 [アンドェダ]	陰語幹 パッチム無	안돼요 [アンドェヨ]	안됐어요 안돼써요 アンドェッソヨ	안되세요 [アンドェセヨ]

167

□ 225 **몸**

□ 226 **키**

□ 227 **머리**

□ 228 **얼굴**

□ 229 **눈**[1]

□ 230 **귀**

□ 231 **코**

□ 232 **입**

□ 233 **가슴**

□ 234 **마음**

□ 235 **팔**[2]

□ 236 **손**

□ 237 **배**

□ 238 **허리**

□ 239 **다리**

□ 240 **발**

□ 241 **집**

□ 242 **방**

□ 243 **문**

□ 244 **화장실**

□ 245 **가게**

□ 246 **식당**

□ 247 **자리**

□ 248 **시장**

□ 249 **회사**

□ 250 **은행**

□ 251 **공항**

□ 252 **역**

□ 253 **비행기**

□ 254 **전철**

□ 255 **길**

□ 256 **차**

□ 257 **병원**

□ 258 **병**

□ 259 **감기**

□ 260 **약**

□ 261 **전화**

□ 262 **가방**

□ 263 **우산**

□ 264 **사진**

□ 265 **옷**

□ 266 **바지**

□ 267 **치마**

□ 268 **속옷**

□ 269 **양말**

□ 270 **신발**

□ 271 **구두**

□ 272 **안경**

□ 273 **일본**

□ 274 **외국**

□ 275 **일본어**

□ 276 **영어**

□ 277 **글**

□ 278 **단어**

□ 279 **학교**

□ 280 **대학교**

□ 281 **수업**

□ 282 **공부**

□ 283 **학생**

□ 284 **선생님**

□ 285 **시험**

□ 286 **문제**

□ 287 **책상**

□ 288 **의자**

□ 289 **책**

□ 290 **취미**

□ 291 **여행**

□ 292 **음악**

□ 293 **노래**

□ 294 **영화**

□ 295 **운동**

□ 296 **산**

□ 297 **강**

□ 298 **바다**

□ 299 **나무**

□ 300 **꽃**

□ 301 **날씨**

□ 302 **비**

□ 303 **구름**

□ 304 **눈**[2]

□ 305 **열어요**

□ 306 **닫아요**

□ 307 **넣어요**

□ 308 **내요**

□ 309 **찍어요**

□ 310 **나요**

□ 311 **나가요**

□ 312 **나와요**

□ 313 **지나요**

□ 314 **걸려요**

□ 315 **울어요**

□ 316 **웃어요**

□ 317 **결혼해요**

□ 318 **축하해요**

□ 319 **잘돼요**

□ 320 **안돼요**

□ 321 **언제나**

□ 322 **먼저**

□ 323 **빨리**

□ 324 **곧**

□ 325 **천천히**

□ 326 **다시**

□ 327 **잘**

□ 328 **같이**

□ 329 **다**

□ 330 **아주**

□ 331 **많이**

□ 332 **너무**

□ 333 **더**

□ 334 **좀**

□ 335 **그리고**

□ 336 **제일**

□ 225 体

□ 226 身長

□ 227 頭

□ 228 顔

□ 229 目

□ 230 耳

□ 231 鼻

□ 232 口

□ 233 胸

□ 234 心

□ 235 腕

□ 236 手

□ 237 腹

□ 238 腰

□ 239 脚

□ 240 足

□ 241 家

□ 242 部屋

□ 243 ドア

□ 244 トイレ

□ 245 店

□ 246 食堂

□ 247 席

□ 248 市場

□ 249 会社

□ 250 銀行

□ 251 空港

□ 252 駅

□ 253 飛行機

□ 254 電車

□ 255 道

□ 256 車

□ 257 病院

□ 258 病気

□ 259 風邪

□ 260 薬

□ 261 電話

□ 262 かばん

☐ 263 傘

☐ 264 写真

☐ 265 服

☐ 266 ズボン

☐ 267 スカート

☐ 268 下着

☐ 269 靴下

☐ 270 靴

☐ 271 靴（革靴）

☐ 272 眼鏡

☐ 273 日本

☐ 274 外国

☐ 275 日本語

☐ 276 英語

☐ 277 文

☐ 278 単語

☐ 279 学校

☐ 280 大学

☐ 281 授業

☐ 282 勉強

☐ 283 学生

☐ 284 先生

☐ 285 試験

☐ 286 問題

☐ 287 机

☐ 288 いす

☐ 289 本

☐ 290 趣味

☐ 291 旅行

☐ 292 音楽

☐ 293 歌

☐ 294 映画

☐ 295 運動

☐ 296 山

☐ 297 川

☐ 298 海

☐ 299 木

☐ 300 花

□ 301 天気

□ 302 雨

□ 303 雲

□ 304 雪

□ 305 開けます

□ 306 閉めます

□ 307 入れます

□ 308 出します

□ 309 （写真を）撮ります

□ 310 出ます

□ 311 出ます（出て行きます）

□ 312 出てきます

□ 313 過ぎます

□ 314 かかります

□ 315 泣きます

□ 316 笑います

□ 317 結婚します

□ 318 祝います

□ 319 うまくいきます

□ 320 うまくいきません

□ 321 いつも

□ 322 先に

□ 323 速く

□ 324 すぐに

□ 325 ゆっくりと

□ 326 もう一度

□ 327 よく

□ 328 一緒に

□ 329 全部

□ 330 とても

□ 331 多く

□ 332 とても

□ 333 もっと

□ 334 少し

□ 335 そして

□ 336 一番

3週目 文法項目まとめ

3週目で出てきた文法項目を確認しましょう。
右の列の数字は掲載番号です。
※1・2週目で出てきたものは割愛しました。

» 助詞

| ~밖에 | ~しか (ない) | 269 |

» 語尾・表現

-네요	~しますね、~ですね	227 / 303
-아서/-어서/-여서	~して、~したので・(な) ので	229 / 230 / 231
~ 때문에	~のせいで	258
-아/-어/-여 드려요	~して差し上げます	262
-니까/-으니까	~するから・だから	263
-러/-으러 가요	~しに行きます	265 / 282
-러/-으러 오세요	~しに来てください	273
-아/-어/-여 보셨어요	~なさったことがあります	274
-아야/-어야/-여야 해요	~しなければいけないです・でなくてはいけないです	278
-아/-어/-여 계세요	~していらっしゃいます	288
-지요(죠)	~しますよね・ですよね	300
-아/-어/-여 있어요	~しています〈結果の継続〉	314
-아/-어/-여 볼까요?	~してみましょうか?	316
-았네요/-었네요/-였네요	~しましたね・でしたね	319
-실/-으실 거예요	~されるでしょう・でいらっしゃるでしょう	324
-아/-어/-여 보세요	~してみてください	326
-시죠/-으시죠	~されますね・でいらっしゃいますよね、~しましょう	328
-셨죠/-으셨죠	~されました・でいらっしゃいました	331

hana
の
韓国語単語
〈超入門編〉

巻末付録

ハングルの読み方

韓国語の文字であるハングルと発音の関係、母音・子音・パッチムの基本的な発音ルールをまとめました。

ハングルの仕組み

ハングルはアルファベットのように文字そのものが音を表す表音文字で、母音字と子音字を最低一つずつ組み合わせて文字を成します。従って、それぞれが表す音を覚えれば、基本的にハングルを読み、発音することができるようになります。1文字が1音節を表します。

書き方の例

○ 横棒の長い母音は下に、子音は上に書きます。

○ 縦棒の長い母音は右側に、子音は左側に書きます。

○ 子音で終わる場合は、文字の一番下に書きます。

最初の子音を初声、次の母音を中声、最後の子音を終声 (パッチム) と言うことがあります。

次のページで、ハングルの母音、子音、パッチム、それぞれの発音を見ていきましょう。

母音の発音

音のない子音字oを子音の位置に入れて表記してあります。
애と에、예と얘、왜と외と웨は発音上ほとんど区別しません。

基本母音

아 ▶ [a] …… 日本語の「ア」とほぼ同じ発音。

야 ▶ [ja] …… 日本語の「ヤ」とほぼ同じ発音。

어 ▶ [ɔ] …… 「ア」のときのように、口を大きく開けて「オ」と発音する。

여 ▶ [jɔ] …… 「ヤ」のときのように、口を大きく開けて「ヨ」と発音する。

오 ▶ [o] …… 日本語の「オ」とほぼ同じだが、唇を丸くすぼめて発音する。

요 ▶ [jo] …… 日本語の「ヨ」とほぼ同じだが、唇を丸くすぼめて発音する。

우 ▶ [u] …… 日本語の「ウ」とほぼ同じだが、唇を丸くすぼめて発音する。

유 ▶ [ju] …… 日本語の「ユ」とほぼ同じだが、唇を丸くすぼめて発音する。

으 ▶ [ɯ] …… 「イ」のように、唇を横に引いて「ウ」と発音する。

이 ▶ [i] …… 日本語の「イ」とほぼ同じ発音。

複合母音

애 ▶ [ɛ] …… 日本語の「エ」とほぼ同じ発音。

얘 ▶ [jɛ] …… 日本語の「イェ」とほぼ同じ発音。

에 ▶ [e] …… 日本語の「エ」とほぼ同じ発音。

예 ▶ [je] …… 日本語の「イェ」とほぼ同じ発音。

와 ▶ [wa] …… 日本語の「ワ」とほぼ同じ発音。

왜 ▶ [wɛ] …… 日本語の「ウェ」とほぼ同じ発音。

외 ▶ [we] …… 日本語の「ウェ」とほぼ同じ発音。

워 ▶ [wɔ] …… 日本語の「ウォ」とほぼ同じ発音。

웨 ▶ [we] …… 日本語の「ウェ」とほぼ同じ発音。

위 ▶ [wi] …… 日本語の「ウィ」だが、唇を丸くすぼめて発音する。

의 ▶ [ɯi] …… 日本語の「ウィ」だが、唇をすぼめず、横に引いて「ウイ」と発音する。

子音の発音

平音 (へいおん) ㄱ、ㄷ、ㅂ、ㅈは、語頭以外（2文字目以降）に来ると音が濁ります（→ P.180）。

ㄱ ▸ [k,g] ···· 日本語の「カ・ガ行」に似た音。

ㄴ ▸ [n] ······ 日本語の「ナ行」に似た音。

ㄷ ▸ [t,d] ···· 日本語の「タ・ダ行」に似た音。

ㄹ ▸ [r,l] ······ 日本語の「ラ行」に似た音。

ㅁ ▸ [m] ······ 日本語の「マ行」に似た音。

ㅂ ▸ [p,b] ··· 日本語の「パ・バ行」に似た音。

ㅅ ▸ [s] ······· 日本語の「サ行」に似た音。

ㅇ ▸ [無音] ·· パッチムのとき以外は母音のみが発音される。

ㅈ ▸ [tʃ,dʒ] ·· 日本語の「チャ・ジャ行」に似た音。

激音 (げきおん) 息を強く出して発音します。

ㅋ ▸ [kʰ] ····· 息を少し強めに出しながら、はっきりと「カ」行を発音する。

ㅌ ▸ [tʰ] ····· 息を少し強めに出しながら、はっきりと「タ」行を発音する。

ㅍ ▸ [pʰ] ····· 息を少し強めに出しながら、はっきりと「パ」行を発音する。

ㅊ ▸ [tʃʰ] ····· 息を少し強めに出しながら、はっきりと「チャ」行を発音する。

ㅎ ▸ [h] ······ 日本語の「ハ行」に似た音。

濃音 (のうおん) 息を詰まらせる感じで発音します。

ㄲ ▸ [ʔk] ······ 「まっか」と言うときの「ッカ」に近い音。

ㄸ ▸ [ʔt] ······ 「いった」と言うときの「ッタ」に近い音。

ㅃ ▸ [ʔp] ····· 「いっぱい」と言うときの「ッパ」に近い音。

ㅆ ▸ [ʔs] ······ 「いっさい」と言うときの「ッサ」に近い音。

ㅉ ▸ [ʔtʃ] ····· 「まっちゃ」と言うときの「ッチャ」に近い音。

パッチムとは、한국 (ハングク＝韓国) のㄴやㄱ、닭 (タク＝ニワトリ) のㄺのように文字を支えるように付いている子音字のことで、日本語の [ッ] や [ン] に似た音があります。パッチムとなる子音字は、左ページにある子音字のうちㄸ、ㅃ、ㅉを除く16種類と、二つの異なる子音字を左右に組み合わせて表記する11種類の計27種類ですが、実際の発音はㄱ、ㄴ、ㄷ、ㄹ、ㅁ、ㅂ、ㅇの7種類です。

発音区分

ㄱ ▶ [k/ク] ‥‥ ㄱ、ㄲ、ㅋ、ㄳ、ㄺ

ㄴ ▶ [n/ン] ‥ ㄴ、ㄵ、ㄶ

ㄷ ▶ [t/ッ] ‥‥ ㄷ、ㅅ、ㅆ、ㅈ、ㅊ、ㅌ、ㅎ

ㄹ ▶ [l/ル] ‥‥ ㄹ、ㄼ、ㄽ、ㄾ、ㅀ

ㅁ ▶ [m/ム] ‥ ㅁ、ㄻ

ㅂ ▶ [p/プ] ‥‥ ㅂ、ㅍ、ㄿ、ㅄ

ㅇ ▶ [ŋ/ン] ‥ ㅇ

発音の仕方

パッチムの発音を아 [a/ア] との組み合わせで見ていきます。

악 ▶ [aᵏ/アク] ‥‥「あっか」と言うときの「アッ」に近い。口を閉じずに発音する。

안 ▶ [an/アン] ‥‥「あんど」と言うときの「アン」に近い。
舌先を軽く歯の裏に付けて発音する。

앋 ▶ [aᵗ/アッ] ‥‥「あっと」と言うときの「アッ」に近い。
日本語の [ッ] に近い。

알 ▶ [al/アル] ‥‥「あり」と完全に言い終わる前に止めた音に近い。
舌先を軽く上顎に付けて発音する。

암 ▶ [am/アム] ‥‥「あんまり」と言うときの「アン」に近い。
上下の唇を合わせ、口を閉じて発音する。

압 ▶ [aᵖ/アプ] ‥‥「あっぷ」と言うときの「アッ」に近い。
口を閉じて発音する。

앙 ▶ [aŋ/アン] ‥‥「あんこ」と言うときの「アン」に近い。
口を開けたまま、舌をどこにも付けずに発音する。

発音変化など

韓国語は文字通りに発音しない場合があります。これらについてまとめました。

有声音化

子音ㄱ、ㄷ、ㅂ、ㅈは、語頭以外（2文字目以後）では濁って（有声音で）発音されます。
ただし日本語の濁点のような表記はありません。

表記			表記通りのフリガナ		実際の発音
시간	時間	▶	[シカン]	▶	[シガン]
바다	海	▶	[パタ]	▶	[パダ]
기분	気分	▶	[キプン]	▶	[キブン]
어제	昨日	▶	[オチェ]	▶	[オジェ]

濃音化

①ㄱ音、ㄷ音、ㅂ音のパッチムの次に子音ㄱ、ㄷ、ㅂ、ㅅ、ㅈが来るとき、ㄲ、ㄸ、ㅃ、ㅆ、ㅉになります。

表記			実際の発音
식당	食堂	▶	[**식땅** シクタン]
잊다	忘れる	▶	[**읻따** イッタ]
갑자기	急に	▶	[**갑짜기** カプチャギ]

②動詞・形容詞の語幹がパッチム（ㄹとㅎを除く）で終わり、次に子音ㄱ、ㄷ、ㅂ、ㅅ、ㅈが
来るとき、ㄲ、ㄸ、ㅃ、ㅆ、ㅉになります。

表記			実際の発音
신다	履く	▶	[**신따** シンタ]
앉다	座る	▶	[**안따** アンタ]

③漢字語内で己パッチムの次に子音ㄷ、ㅅ、ㅈが来るとき、ㄸ、ㅆ、ㅉになります。

表記			実際の発音
일주일	1週間	▶	[**일쭈일** イルチュイル]
열심히	熱心に	▶	[**열씨미** ヨルシミ]

複合母音の発音

①母音예 [イェ] はㅇ以外の子音が付くと에 [エ] と発音されます。

表記			実際の発音
시계	時計	▶	[**시게** シゲ]
계시다	いらっしゃる	▶	[**게시다** ケシダ]

②母音ㅢ [ウイ] は子音が付いたときおよび語中では ㅣ [イ] と、所有を表す助詞「〜の」のときはㅔ [エ] と発音されます。

表記			表記通りのフリガナ		実際の発音
희다	白い	▶	[フイタ]	▶	[**히다** ヒダ]
강의	講義	▶	[カンウイ]	▶	[**강이** カンイ]
아이의	子どもの	▶	[アイウイ]	▶	[**아이에** アイエ]

パッチムの次に母音が来るとき、パッチムが後ろの音節に移動して発音されます。

表記		表記通りのフリガナ	実際の発音
음악	音楽	▶ [ウムアク]	▶ [**으막** ウマク]
한국어	韓国語	▶ [ハングゥオ]	▶ [**한구거** ハングゴ]

激音化

①ㄱ音、ㄷ音、ㅂ音のパッチムの次に子音ㅎが来るとき、ㅋ、ㅌ、ㅍになります。

表記		表記通りのフリガナ	実際の発音
축하하다	祝う	▶ [チュクハハタ]	▶ [**추카하다** チュカハダ]
비슷하다	似ている	▶ [ピスッハタ]	▶ [**비스타다** ピスタダ]
입학하다	入学する	▶ [イプハクハタ]	▶ [**이파카다** イパカダ]

②ㅎパッチムの次に子音ㄱ、ㄷ、ㅈが来るときㅋ、ㅌ、ㅊになります。

表記		表記通りのフリガナ	実際の発音
어떻게	どのように	▶ [オットッケ]	▶ [**어떠케** オットケ]
좋다	良い	▶ [チョッタ]	▶ [**조타** チョタ]
많지 않다	多くない	▶ [マンチ アンタ]	▶ [**만치 안타** マンチ アンダ※]

※フリガナ表記は同じですが、「チ」「タ」が激音で発音されます。

鼻音化

①ㄱ音、ㄷ音、ㅂ音のパッチムの次に子音ㅁ、ㄴが来るとき、パッチムが鼻音になります。
　ㄱ音はㅇ、ㄷ音はㄴ、ㅂ音はㅁになります。

表記		表記通りのフリガナ	実際の発音
작년	昨年	▶ ［チャクニョン］	▶ ［ **장년** チャンニョン］
끝나다	終わる	▶ ［クッナタ］	▶ ［ **끈나다** クンナダ］
합니다	します	▶ ［ハプニタ］	▶ ［ **합니다** ハムニダ］

②ㄱ音、ㄷ音、ㅁ音、ㅂ音、ㅇ音のパッチムの次に子音ㄹが来るとき、パッチムが鼻音になるとともに子音ㄹはㄴになります。

表記		表記通りのフリガナ	実際の発音
독립	独立	▶ ［トクリプ］	▶ ［ **동닙** トンニプ］
능력	能力	▶ ［ヌンリョク］	▶ ［ **능녁** ヌンニョク］

流音化

①ㄹパッチムの次に子音ㄴが来るとき、子音ㄴはㄹになります。

表記		表記通りのフリガナ	実際の発音
일년	1年	▶ ［イルニョン］	▶ ［ **일련** イルリョン］
실내	室内	▶ ［シルネ］	▶ ［ **실래** シルレ］

②ㄴパッチムの次に子音ㄹが来るとき、ㄴパッチムはㄹになります。

表記		表記通りのフリガナ	実際の発音
연락	連絡	▶ ［ヨンラク］	▶ ［ **열락** ヨルラク］
신라	新羅	▶ ［シンラ］	▶ ［ **실라** シルラ］

口蓋音化

ㄷパッチム、ㅌパッチムの次に이、여、히、혀が来るとき、それぞれㅈ、ㅊになります。

表記		表記通りのフリガナ	実際の発音
같이	一緒に ▶	[カッイ] ▶	[**가치** カチ]

ㅎが発音されない場合、弱くなる場合 (弱音化)

①ㅎパッチムの次に母音が来るとき、ㅎパッチムは発音されません。

表記		表記通りのフリガナ	実際の発音
좋아하다	好きだ ▶	[チョッアハタ] ▶	[**조아하다** チョアハダ]

②ㄴ音、ㄹ音、ㅁ音、ㅇ音のパッチムの次に子音ㅎが来るとき、速い発音ではㅎは弱く発音されるか、ほとんど発音されません。その場合、前にある子音が連音化します。

表記		表記通りのフリガナ	実際の発音
전화	電話 ▶	[チョンファ] ▶	[**저놔** チョヌァ]

ㄴ挿入

①名詞と名詞が合わさって一つの単語になった合成語や、複数の名詞からなる複合語で、前の語がパッチムで終わり、次の語が母音ㅣおよび合成母音ㅑ、ㅕ、ㅒ、ㅖ、ㅛ、ㅠで始まるとき、子音にㄴが挿入されます。

表記		表記通りのフリガナ	実際の発音
일본 요리	日本料理 ▶	[イルボン ヨリ] ▶	[**일본 뇨리** イルボン ニョリ]

②前の語のパッチムがㄹのときは、①に加えて挿入されたㄴが流音化してㄹになります。

表記		表記通りのフリガナ	実際の発音
서울역	ソウル駅 ▶	[ソウルヨク] ▶	[**서울력** ソウルリョク]

用言とその活用

韓国語の用言には動詞、形容詞など、四つの種類があり、これらは語幹にさまざまな語尾を付けて活用します。まずは韓国語の用言の種類と、活用をする上で重要な語幹について見てみましょう。

四つの用言

韓国語の用言は動詞・形容詞・存在詞・指定詞の四つに分けられます。動詞は日本語の動詞に当たるものとほぼ同じで、形容詞は日本語の形容詞・形容動詞に当たるものだと考えて問題ありません。指定詞は이다 (～である)、아니다 (～でない) の2語で、存在詞は있다 (ある、いる)、없다 (ない、いない) の2語です。

1. 動詞 主に物事の動作や作用、状態を表す。

   가다 行く　　입다 着る

2. 形容詞 主に物事の性質や状態、心情を表す。

   싸다 安い　　적다 少ない

3. 指定詞 名詞などの後ろに用いて「～だ、～である」「～でない」を表す。

   이다 ～だ、～である　　아니다 ～でない

4. 存在詞 存在の有無に関することを表す。

   있다 ある、いる　　없다 ない、いない

語幹とは何か

韓国語の用言は、語幹と語尾に分けることができます。語幹とは、用言の基本形 (辞書に載っている形) から最後の다を取った形です。韓国語では、この語幹にさまざまな語尾を付けて意味を表します。

基本形		語幹		語尾			
가다	行く	가	+	아요	▶	가요	行きます
입다	着る	입	+	어요	▶	입어요	着ます

陽語幹・陰語幹

語幹には、陽語幹と陰語幹があります。語幹の最後の母音が陽母音（ㅏ、ㅑ、ㅗ）であるものを陽語幹、陰母音（ㅏ、ㅑ、ㅗ以外）であるものを陰語幹といいます。

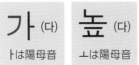

陽語幹　가 (다)　놉 (다)
ㅏは陽母音　ㅗは陽母音

陰語幹　주 (다)　입 (다)
ㅜは陰母音　ㅣは陰母音

語尾の三つの接続パターン

語尾が語幹に接続するパターンは、次の三つの型に分けることができます。

基本形		❶ 型	❷ 型	❸ 型
보다	見る	보+고	보+세요	보+아요
먹다	食べる	먹+고	먹+으세요	먹+어요

❶ 型　語幹にそのまま付けるパターン。

❷ 型　語幹の最後にパッチムがなければ、そのまま語尾を付け、パッチムがあれば으をプラスして語尾を付けるパターン。パッチムがㄹのときだけ、으を加えずに語尾を付けます。またパッチムのㄹは脱落することがあります。

❸ 型　語幹の最後の母音が陽母音なら아をプラスして語尾を付け、陰母音なら어をプラスして語尾を付けるパターン。ただし하다や～하다で終わる用言はハダ用言といって、別扱いで여をプラスし해となり、そこに語尾を付けます。

以上、三つの接続パターンを見てみましたが、韓国語は語尾(や表現)の種類が何型かによっ
て、どのパターンで接続するかが決まります。語尾や表現には、現在や過去などの時制を
表すものもあれば、言葉遣いの丁寧さやぞんざいさを表すもの、理由や逆接を表すもの
など、いろいろなものがあります。その中の幾つかを、接続パターン別に取り上げてみます。

❶ 型	**-고**　〜して **-고 싶어요**　〜したいです **-지만**　〜するけど・だけど **-지요**　〜しますよ・ですよ
❷ 型	**-세요/-으세요**　〜されます・でいらっしゃいます **-러/-으러**　〜しに **-니까/-으니까**　〜するから・だから **-면/-으면**　〜すれば・なら
❸ 型	**-아요/-어요/-여요**　〜します・です **-아서/-어서/-여서**　〜して・なので **-았-/-었-/-였-**　〜した・だった **-아/-어/-여 주세요**　〜してください(ます)

基本的な語尾〜ヘヨ体現在

ヘヨ (해요) 体は丁寧で柔らかい印象を与える言葉遣いで、会話でよく使われます。ヘヨ
(해요) 体の語尾は-아요/-어요 [アヨ/オヨ] で、上に挙げた❸型に該当します。語幹末
の母音が陽母音の場合には-아요、陰母音の場合には-어요、ハダ用言の場合には-여요
が付きます。

가다 行く	**가** + **아요** ▶ **가요** 行きます
	陽語幹　語尾
입다 着る	**입** + **어요** ▶ **입어요** 着ます
	陽語幹　語尾

ヘヨ体は、平叙文、疑問文、命令文、勧誘文が全て同じ形で終わります。どの意味であるかは、文末のイントネーションや文脈で区別します。

한국에서 친구가 와요↘. 韓国から友人が来ます。(平叙文)
ハングゲソ　チングガ　ワヨ

책을 봐요? 本を読んで (見て) いるんですか? (疑問文)
チェグル　ポァヨ

빨리 ╱와요↘. 早く来てください。(命令文)
パルリ　ワヨ

저하고 같이 가요↘. 私と一緒に行きましょう。(勧誘文)
チョハゴ カチ　カヨ

なお、用言が-이다の場合、-이에요/-예요になります。

여기는 명동이에요. ここは明洞です。

이거 얼마예요? これ、いくらですか?

基本的な語尾～ヘヨ体過去

上に挙げた❸型の表現の中に、-았-/-었-/-였- (～した) というものがあります。これは、過去形を作る接尾辞で、接尾辞は、語幹に付けた後、その後ろにさらに別の語尾を付けることができます。例えば、ヘヨ体の語尾-아요/-어요を後ろに付けると、次のようになります。

| **보다** 見る | **보 + 았 + 어요** ▶ **보았어요** 見ました |
| **입다** 着る | **입 + 었 + 어요** ▶ **입었어요** 着ました |

これがへヨ体の過去形です。へヨ体現在の-아요/-어요/-여요と同じように、-았어요/-었어요/-였어요で終わり、平叙文と疑問文はいずれもこの形ですが、どちらの意味であるかは、文末のイントネーションで区別します。-았-/-었-/-였-は❸型なので、語幹の母音が陽母音の場合は-았-を、陰母音の場合は-었-を、ハダ用言の場合は-였-を付けます。ただし、-았-/-었-/-였-の後ろに❸型の語尾を付ける場合、-았-も-었-、-였-も陰母音扱いとなるため、-어の方を付けることに注意が必要です。

縮約のルール

❸型で、語幹末にパッチムがない語幹に語尾が付く場合、語幹末の母音と語尾が縮約します。縮約は、語幹末の母音が何であるかによって、縮約の仕方が決まります。母音それぞれの縮約のルールを-아요/-어요 (〜します) を付けた形で、まとめました。

ㅏ + 아요 ▶ ㅏ요		
가다 行く	▶ **가** + **아요**	▶ **가요** 行きます

ㅗ + 아요 ▶ ㅘ요		
오다 来る	▶ **오** + **아요**	▶ **와요** 来ます

ㅜ + 어요 ▶ ㅝ요		
배우다 習う	▶ **배우** + **어요**	▶ **배워요** 習います

ㅡ + 어요 ▶ ㅓ요		
크다 大きい	▶ **크** + **어요**	▶ **커요** 大きいです

ㅣ + 어요 ▶ ㅕ요		
마시다 飲む	▶ **마시** + **어요**	▶ **마셔요** 飲みます

ㅐ + 어요 ▶ ㅐ요		
지내다 過ごす	▶ **지내** + **어요**	▶ **지내요** 過ごします

ㅚ + 어요 ▶ ㅙ요		
되다 なる	▶ **되** + **어요**	▶ **돼요** なります

かしこまった丁寧形（ハムニダ体）

かしこまった丁寧形のハムニダ体（합니다体）は、公式的、断定的なニュアンスがある言葉遣いです。平叙文は-ㅂ니다/-습니다で終わり、疑問文には-ㅂ니까?/-습니까?が付きます。ニュースやビジネスなどの改まった席でよく使われ、また普段の会話でも礼儀正しい感じを出したいときに使います。

저는 배철수입니다.	私はペ・チョルスです。
잘 부탁합니다.	よろしくお願いします。

尊敬表現

目上の人と話すときは、通常尊敬の接尾辞-시-/-으시-を用いて敬意を表します。下の例では、ハムニダ体とヘヨ体の中で用いられています（ヘヨ体では-세요/-으세요になります）。

사장님은 신문을 읽으십니다./읽으세요.
社長は新聞をご覧になっています。

일본에서 오십니까?/오세요?
日本からいらっしゃいますか？

어서 들어오십시오./들어오세요.
早くお入りください。

変則活用

P.185で用言の活用について見ましたが、実は韓国語には規則的に活用する用言と不規則に活用する用言があります。ここでは不規則に活用する用言について見てみましょう。

変則活用の種類

ㄹ語幹 子音のㄴと、ㅅ、ㅂが後続するとㄹパッチムが脱落するのが特徴です。ㄹと接続するとㄹが一つになります。

알다 知る	▶	**압니다**
살다 住む	▶	**사세요**

으語幹 母音の아、어が後続すると、語幹から—が落ちて子音と後続の母音が結合するのが特徴です。아が付くか어が付くかは、語幹末の母音ではなく、後ろから二つ目の母音の陰陽によって決まります。

아프다 痛い	▶	**아파요**
크다 大きい	▶	**커요**

ㄷ変則 母音が後続するとㄷパッチムがㄹパッチムに変わるのが特徴です。

듣다 聞く	▶	**들어요**
걷다 歩く	▶	**걸어요**

ㅂ変則 語幹の直後に으が来るとㅂパッチム+으が우に、語幹の直後に아、어が来るとㅂパッチム+아、어가와、워になるのが特徴です。なお、와となるのは、곱다 (美しい) と돕다 (助ける) のみです。

덥다 暑い	▶	**더운、더워요**

ㅅ変則　母音が後続するとㅅパッチムが脱落し、その際、가 (다) + 아요 = 가요の
ような縮約が起こらないのが特徴です。

낫다	治る	▶	**나아요**
짓다	建てる	▶	**지어요**

르変則　르変則用言は、語幹に아が後続したら르が ㄹ라、어が後続したら르が
ㄹ러に変わるのが特徴です。아が付くか어が付くかは、語幹末の母音で
はなく、後ろから二つ目の母音の陰陽によって決まります。

모르다	知らない	▶	**몰라요**
부르다	呼ぶ	▶	**불러요**

ㅎ変則　ㅎパッチムで終わっている形容詞は、좋다 (良い) を除いて全てㅎ変則に
該当します。語幹の直後に으が後続したらㅎパッチムと으が落ちます。아、
어が後続したらㅎパッチムが落ち、母音の ㅣ が追加されます。

그렇다	そのようだ	▶	**그래요**
하얗다	白い	▶	**하얘요**
빨갛다	赤い	▶	**빨개요**

러変則　누르다 (黄色い) 、노르다 (黄色い) 、푸르다 (青い) 、이르다 (着く) のみ
で、語幹に어が後続すると어が러に変わるのが特徴です。

이르다	至る	▶	**이르러요**

韓国語の基礎5

助 詞

韓国語の助詞の学習は、同じく助詞がある日本語の母語話者にとってはさほど難しいものではありません。ここでは、幾つか注意が必要な点についても見ておきましょう。

助詞の位置と形

まず、助詞は日本語同様、一般的に体言の後ろに付きます。

| ～에게 ～に | ▶ 형에게 兄に | ▶ 언니에게 姉に |

しかし、助詞の中には、接続する体言の最後にパッチムがあるかないかで形が変わるものがあります。

| 助詞 | パッチムあり | パッチムなし |
| ～은/～는 ～は | ▶ 형은 兄は | ▶ 언니는 姉は |

また、通常使う助詞とは別に、尊敬を表すときに使う助詞があります。下の例の～께서（～が）は～이／～가（～が）の尊敬語です。

| ～가 ～が | ▶ 아빠가 パパが |
| ～께서 ～が | ▶ 아버님께서 お父さまが |

他にも、日本語と異なる使い方をする助詞があります。下の例では日本語の感覚で～에（～に）を使いたいところですが、～를（～を）を使うところに注意してください。

| ○ 친구를 만나요. × 친구에 만나요. 友達に会います。 |

また、名詞と名詞をつなぐ～의（～の）は、所有や所属など明確な関係を表す場合、省略することができます。ただし、電話番号の「-」や複雑な関係性を持つと見なされた場合は省略されません。また、「私」「僕」の所有を表すときのみ、제（私の）、내（僕の）という形を使います。

○ 케이크 가게	× 케이크의 가게	ケーキの店
○ 청춘의 꿈	× 청춘 꿈	青春の夢

基本的な助詞一覧

日本語	パッチムあり	パッチムなし
～は	은	는
～が	이	가
～が (尊敬語)	께서	
～を／～に	을	를
～に (人・動物)	에게/한테※1	
～に (尊敬語)	께	
～の	의	
～と	과	와
	하고※2	
～に (場所・時間)	에	
～に (場所) ／～で (手段)	으로	로
～で／～から (場所)	에서	
～から (時間)	부터	
～まで (時間・程度)	까지	
～も	도	

※1 ～한테は、話し言葉で主に用いられるのに対して、～에게は話し言葉でも書き言葉でも用いられます。

※2 ～하고は、日常的な会話で主に用いられるのに対して、～과 / ～와は文章や演説、討論などの
席でしばしば用いられます。

ハングル・日本語索引

本書の見出し語の索引です。見出し語をㄱㄴㄷ順に、メイン訳を五十音順に並べました。数字は掲載番号です。

195

hanaの韓国語単語〈超入門編〉

2021 年　4 月 11 日　初版発行
2022 年 10 月 11 日　2 刷発行

著　者　hana 編集部

編　集　鷲澤仁志

編集協力　宋珖銀

校　正　辻仁志、李善美

デザイン　木下浩一（アングラウン）

Ｄ Ｔ Ｐ　株式会社秀文社

録　音　Studio 109

印刷・製本　中央精版印刷株式会社

発行人　裵 正 烈

発　行　株式会社 HANA
　　　　〒 102-0072 東京都千代田区飯田橋 4-9-1
　　　　TEL：03-6909-9380　FAX：03-6909-9388
　　　　E-mail：info@hanapress.com

発行・発売　株式会社インプレス
　　　　〒 101-0051 東京都千代田区神田神保町一丁目 105 番地

ISBN978-4-295-40351-7 C0087　©HANA 2021　Printed in Japan

● 本の内容に関するお問い合わせ先
　HANA 書籍編集部　TEL: 03-6909-9380　FAX: 03-6909-9388
● 乱丁本・落丁本の取り替えに関するお問い合わせ先
　インプレス カスタマーセンター　FAX: 03-6837-5023
　　　　　　　　　　　　　　　　E-mail : service@impress.co.jp
　※古書店で購入されたものについてはお取り替えできません。